AUF DER SUCHE NACH EINER ZUKUNFT

Abdulatif Adem

Impressum

1.Auflage, 2023

© 2023 Abdulatif Adem

Korrektorat: Daniel Kämpfer
Herstellung und Verlag: BoD – Books on Demand, Norderstedt
ISBN: 978-3-7578-1729-9

«Jeder hat einen Traum, einige machen den ersten Schritt, um ihren Traum zu verwirklichen, und können auf dem Weg auf Schwierigkeiten stossen, diese Schwierigkeiten machen es eindringlicher, um ihren Traum zu verwirklichen. Und einige von ihnen haben den ersten Schritt noch nicht gewagt. Die ersten mögen erfolgreich sein und ihr Ziel erreichen. Und die zweiten haben noch die Möglichkeiten, ihren ersten Schritt zu unternehmen.»

Abdulatif Adem

Kapital 1

Abdul und seine Grossmutter

Eines Tages war der 13-jährige Abdul bei seiner Großmutter. Sie erzählte ihm Geschichten aus ihrer Kindheit. Als sie ihre erste Geschichte für ihn beendet hatte, wollte sie anfangen, eine zweite Geschichte zu erzählen. Irgendetwas kam Abdul in den Sinn und er sagte zu seiner Großmutter:

"Ich möchte in den Sudan auswandern."

Die Großmutter war überrascht, was sie von ihrem Enkel hörte. Sie antwortete ihm:

"Was sagst du, Junge, bist du verrückt? Weißt du, wie gefährlich diese Sache ist? Denk niemals darüber nach. Und erzähl deiner Familie nichts, was du mir erzählt hast. Weil sie so etwas nicht von dir akzeptieren werden."

Abdul schwieg zuerst ein wenig und sagte dann zu ihr: "Warum nicht, Oma? Wo ist mein Bruder? ".
Er meinte seinen Bruder, der vor einem halben Jahr von der Armee der eritreischen Diktatur festgenommen worden war und bis jetzt von ihm niemand gehört hatte.

"Auch mein Schicksal wird wie das Schicksal meines Bruders und seiner Freunde sein. Es gibt keine guten Schulen in diesem Land, keine Universitäten, es gibt keine Freiheit. Wie kann jemand eine gute Zukunft haben, Oma? Die Menschen dieses Landes befinden sich immer noch zwischen den Lebenden und den Toten. Niemand wird gut schlafen, solange diese ungerechte Macht steht", sagte Abdul mit traurigem Gesicht.

Die Großmutter war gerührt von dem, was sie von ihrem Enkel hörte, und sagte:

"Es sei okay, mein Kind. Ich verstehe deine Worte. Lässt du mich ein wenig über dieses Thema nachdenken. Morgen werden wir über dieses Thema sprechen. Es ist jetzt Mittagszeit. Geh mit deinen Brüdern zu Mittag essen".

Abdul ging und ass sein Mittag, er ging dann zurück zu seiner Großmutter und fragte sie,

"Oma, hast du darüber nachgedacht?"

"Habe ich dir nicht gesagt, dass ich es dir morgen sagen werde?", sagte seine Grossmutter

"Ok", sagte Abdul, schüttelte seinen Kopf und ging

Abdul erzählte seiner Familie nicht, was er mit seiner Großmutter gesprochen hatte. Weil seine Großmutter ihm gesagt hatte, es niemandem zu erzählen. An diesem Tag fragte er sich, was seine Grossmutter morgen zu ihm sagen würde, würde sie zustimmen oder Nein sagen. Der nächste Tag kam. Am Morgen früh ging Abdul zu seiner Grossmutter, die in der Nähe ihres Hauses wohnte. Er kam zu ihr und fragte sie:

"Was denkst du, Oma? Sag mir? "

"Diese Entscheidung ist sehr gefährlich."

"Aber was du gesagt hast, ist wahr, Abdul, niemand hat eine Zukunft in diesem Land. Aber ich mache mir grosse Sorgen um dich. Was könnte dir unterwegs begegnen?", fragte seine Grossmutter.

Abdul zeigte mit seiner Hand zum Himmel und sagte zu seiner Grossmutter:

"Mach keine Sorgen, Grossmutter. Gott wird mit mir sein, denn Gott wird eine unterdrückte Person nicht weiter unterdrücken".

"Was du sagst, ist wahr, Kleiner. Gott ist mit den Unterdrückten", sagte die Grossmutter. Und fügte an:

"Ich habe mich auch entschieden, mit dir zu meiner Tochter zu kommen, die in einem kleinen Dorf nahe der eritreisch-sudanesischen Grenze lebt. Wir werden auch ein paar Tage dortbleiben, um sicher zu gehen, dass die Strasse gut ist. "

"Liebe Oma, das ist eine tolle Idee", sagte Abdul und freute sich.

Die Grossmutter wollte seiner Familie nichts davon erzählen. Vielmehr würde sie ihnen sagen, dass sie mit ihrem Enkel zu ihrer Tochter fährt, die in der Nähe der Grenze lebt. Sie würden auch einige Tage bei ihr bleiben.

Die Grossmutter sagte zu ihrem Enkel, dass sie nächsten Sonntag losfahren würden, was nur zwei Tage später war. Abdul war sehr motiviert und küsste den Kopf seiner Großmutter. Die Großmutter teilte Abduls Mutter mit, dass sie mit ihrem Enkel ihre Tochter besuchen wolle, die in der Nähe der Grenze lebt. Und sie würden bei ihrer Tochter ein paar Tage bleiben. Abduls Mutter stimmte zu, weil Abdul seine Grossmutter bei fast jedem Besuch begleitet hatte. Abdul bereitete sich auf diese Reise vor und sammelte seine Kleidungsstücke und andere Gegenstände, die er für seine Reise benötigte.

Es war Sonntag, und an diesem Morgen begann Abdul seine Flucht in den Sudan, begleitet von seiner Großmutter, die ihn bis zur Grenze zwischen Eritrea und Sudan begleitete. Abdul verabschiedete sich von seiner Familie und sagte ihnen, dass er in wenigen Tagen mit seiner Großmutter zurückkommen würde. Er ging mit seiner Großmutter zur Busstation, die etwa 20 Gehminuten von ihrem Zuhause entfernt war. Sie kamen in die Busstation in Keren, der Stadt, in der Abdul mit seiner Familie lebte, und wollten einen Bus nach Tesseney nehmen. Tesseney ist eine andere Stadt unweit der sudanesischen Grenze.

Sie stiegen in den Bus, der nach Tesseney fuhr, nachdem sie die Tickets für 70 eritreische Nakfa pro Person gekauft hatten. Der Weg von Keren nach Tesseney war sehr weit. Der Bus setzte sich um sieben Uhr morgens in Bewegung. Auf dem Weg nach Tesseney fragte Abdul seine Großmutter immer wieder: "Sind wir noch nicht angekommen?"

"Noch nicht", antwortet immer wieder die Grossmutter.

Nach fünf Stunden unterwegs, als sie sich der Stadt Tesseney näherten, gab es einen regulären Kontrollpunkt der Armee. Als sie den Kontrollpunkt erreichten, hielt der Bus an und zwei Armeesoldaten stiegen ein und begannen, die Fahrgäste nach ihren Ausweisen zu fragen. Einer von ihnen kam zu Abduls Großmutter. Er fragt sie um ihren Ausweis, und sie gab ihn dem Soldaten. Er sah auf den Ausweis und gab ihn zurück. Dann fragte der Soldat Abdul um seinen Ausweis. Abdul schwieg, weil er keinen Ausweis hatte.

Der Soldat wieder: "Gib mir deinen Ausweis, Junge!". Diesmal war er lauter.

"Ich habe keinen Ausweis", sagte Abdul mit einer ängstlichen Stimme.

Die Grossmutter griff ein und sagte dem Soldaten: "Das ist mein Enkel, lass ihn in Ruhe".

Der Soldat befahl Abdul und seiner Grossmutter aus dem Bus auszustiegen, und befahl dem Busfahrer weiterzufahren.

Ein anderer Soldat kam zu Abdul und seiner Grossmutter und fragte sie: "Wo geht ihr hin?"

"Ich fahre zu meiner Tochter, die nahe der Grenze wohnt. Sie ist sehr krank und es gibt niemanden neben mir, der ihr helfen könnte. Wir wollten sie besuchen und ihr helfen. Wie Sie sehen, bin ich eine ältere Frau. Ich kann nicht allein reisen. Ich kann nicht gut sehen. Also nahm ich meinen Enkel mit, damit er mir bei vielen Dingen helfen kann. Ich kann nichts ohne ihn tun, also bitte! Lass uns gehen", sagte die Grossmutter zu dem Soldaten.

Der Soldat ging zu seinem Kollegen, sie redeten eine Weile miteinander, dann kam er zurück zu Abdul und seiner Grossmutter und sagte zu ihnen: "Na, schon gut, ihr könnt gehen".

Grossmutter bedankte sich bei dem Soldaten. Und als ein anderer Bus an den Kontrollpunkt kam, stieg Abdul mit seiner Grossmutter in den Bus und sie fuhren los. Nach 10 Minuten erreichten sie die Stadt Tesseney. In der Stadt gönnten sie sich eine Pause in einem der

Cafés. Danach machten sie sich auf die Suche nach einem Bus, der in die Stadt Omhajer in der Nähe des Sudans fuhr.

Kapital 2
Der alte Freund

Abdul und seine Grossmutter fanden einen Bus, der nach Omhajer fuhr. In der Nähe des Buses sah Abdul jemanden, den er aus ihrer Stadt Keren kannte. Diese Person war ein 22-jähriger Soldat. Abdul ging zu ihm und sagte: "Saleh!"

Der Soldat, der Saleh hiess, war überrascht, Abdul zu sehen und sagte: "Abdul, was machst du hier? "
Sie umarmten sich und gaben sich die Hand.

"Das ist meine Grossmutter", sagte Abdul.
Saleh schüttelt auch der Grossmutter die Hand und sagte, "Hallo".

Alle sassen neben dem Bus. Abdul erzählte Saleh seine Geschichte und sagte ihm, dass er auf dem Weg in den Sudan sei und dass seine Großmutter darauf bestand, ihn zu ihrer Tochter zu begleiten, die in einem kleinen Dorf nahe der sudanesischen Grenze lebt. Saleh schwieg eine Weile und lächelte, dann sagte er,

"So, dann hätte ich jemanden gefunden, der mich begleitet."

Abdul war überrascht von dem, was er von Saleh hörte.

"Gehst du auch in den Sudan?", fragte Abdul.

"Es gibt keine andere Wahl, ich habe dieses Land satt. Schliesslich entschloss ich mich zur Auswanderung", antwortete Saleh.

Abdul war sehr glücklich, weil er auf dem Weg in den Sudan nicht allein sein würde. Er würde sogar jemanden haben, der ihn begleitete. Saleh bat Abdul, seine Großmutter solle sich nicht die Mühe machen und nach Hause gehen. Und sie soll sich nie Sorgen machen um ihren Enkel. Saleh werde in jeder Situation bei ihrem Enkel sein, bis sie sicher in den Sudan einreisten.

Abdul ging zu seiner Grossmutter, die neben ihnen saß. Und er sagte es ihr, wie Saleh es ihm geraten hatte. Sie sollte sich nie um ihren Enkel sorgen, und er sagte ihr, dass sie zuerst zu ihrer Tochter gehen würden.

"Ich werde selbst mit Saleh sprechen", sagte die Grossmutter.

Sie ging zu Saleh und sie unterhielten sich eine Weile, dann ging sie zurück zu Abdul und sagte:

"Nun, mein Enkel, ich werde nach Hause zurückgehen. Saleh wird sich auf dich aufpassen."

"Ich kann auch auf mich selbst aufpassen", sagte Abdul

Die Grossmutter sagte, mit Trauer an ihrem Gesicht:

"Deine Mutter wird mich töten, wenn ich ohne dich zu ihr zurückkehre, aber keine Sorge, ich werde es schaffen."

Dann umarmte sie ihren Enkel und sagte zu ihm:

"Auf Wiedersehen, Kleiner, ich weiss, dass du ein gescheiter Mensch bist und gut auf dich aufpassen wirst. Gott schütze dich."

Abdul und Saleh stiegen in den Bus. Abdul verließ seine Großmutter, während sie mit ihrer Hand vom Fenster aus ihm zuwinkte. Die Traurigkeit war auf ihrem Gesicht deutlich zu sehen.

Im Bus sagte Saleh zu Abdul: "Wir sollten nicht nebeneinandersitzen, denn wenn wir das täten, könnten die Soldaten an den Checkpoints vermuten, dass wir aus diesem Land fliehen. "

Es gab zwei Kontrollpunkte der Armee zwischen den Städten Tesseney und Omhajer. Abdul setzte sich hinten im Bus und Saleh saß vorne. Der Bus erreichte den ersten Kontrollpunkt, hielt an - und Abduls Herz ebenfalls. Die Türen wurden geöffnet und zwei Soldaten stiegen ein. Abdul hatte große Angst und betete, dass ihn niemand nach seinem Ausweis fragen würde. Die Soldaten fingen an, die Passagiere nach ihrem Ausweis einer nach dem anderen zu fragen. Sie fragten Saleh, er gab ihnen seinen Ausweis, weil er einen gültigen Militärausweis hatte. Die Soldaten fragten alle Passagiere, die im Bus waren, und dann stiegen sie aus, ohne Abdul zu fragen. Abdul war sehr überrascht, warum die Soldaten ihn nicht fragten. Er dachte, vielleicht wegen seines jungen Alters. Aber er war sehr glücklich, weil er den ersten Kontrollpunkt ohne Probleme passiert hatte. Ungefähr eine Stunde, nachdem sie den ersten Checkpoint passiert hatten, würde der Bus den zweiten Checkpoint erreichen. Abdul suchte nach einer Lösung, wie er den zweiten Checkpoint umgehen könnte. Er wollte sich nicht wie beim ersten Mal auf sein Glück verlassen. Neben Abdul saß eine Frau. Diese Frau hatte zwei große Taschen. Abdul erzählte der Frau seine Geschichte und sagte ihr, dass er große Angst habe. Dann bat er sie, ihn mit ihren Taschen zuzudecken, wenn er sich unter den Sitzen versteckte, als sie den Kontrollpunkt erreichten. Die Frau war sehr nett und hatte genau verstanden, warum die jungen Menschen aus dem Land fliehen. Sie stimmte zu, Abdul diesen Gefallen zu tun.

Als sie den zweiten Kontrollpunkt erreichten, versteckte sich Abdul unter den Sitzen, und die Frau bedeckte ihn mit ihren Taschen, wie sie es besprochen hatten. Die Bustüren öffneten sich, ein Soldat stieg ein und forderte die Passagiere auf, ihre Identitätskarten bereitzuhalten. Der Soldat stieg aus dem Bus, nachdem er mit der Kontrolle fertig war, und befahl dem Fahrer, weiterzufahren. Zum Glück für Abdul bemerkte der Soldat nicht, dass sich jemand im Bus versteckte. Der Bus fuhr weiter und die Frau sagte Abdul, dass die Soldaten gegangen seien. Abdul kam unter dem Sitz hervor und dankte der Frau, die so nett zu ihm gewesen war. Der Bus, in dem Abdul und sein Freund Saleh unterwegs waren, kam am Abend in der Stadt Omhajer an. Sie stiegen aus dem Bus und Saleh sagte zu Abdul:

"Es ist jetzt zu spät und dunkel, wir müssen die Nacht in dieser Stadt verbringen, wir haben keine andere Wahl."

Sie machten sich auf die Suche nach einem Hotel für die Nacht. Sie kamen in ein Hotel, ein Rezeptionist begrüßte sie und fragte sie dann nach ihrer Identität. Saleh hatte kein Problem, weil er einen gültigen Ausweis hatte. Aber das war keine gute Frage für Abdul, der keinen Ausweis hatte. Sie sagten dem Angestellten, dass Abdul keinen Ausweis habe und nur ein junger Student sei.

"Ob jung oder alt. Personalausweis ist notwendig hier. Niemand darf ohne Ausweis in Hotels in Omhajer übernachten, das sagen die Gesetze. Nicht weit von hier ist eine Polizeiwache. Ihr könnt dorthin gehen, sie werden euch ein Papier geben, nachdem sie den Kleinen untersucht haben. Wenn er dieses Papier kriegt, kann er in diesem Hotel oder in jedem anderen Hotel in der Stadt übernachten. Ich kann Ihnen die Polizeiwache zeigen, wenn Sie wollen", sagte ihnen der Rezeptionist.

"Nein, nein, ist schon okay, danke, wir können allein hingehen, mach dir keine Mühe", so Abdul und Saleh

Sie gingen aber nicht zu der Polizeiwache, sie befürchteten, die Untersuchung würde sie dazu bringen, die Wahrheit zu erzählen und dann zu Gefängnis oder Folter führen. Sie beschlossen, an den Stadtrand zu gehen, wo es ruhiger war. Sie könnten dort unter einem Baum schlafen oder was auch immer sie finden könnten. Als sie zu einem der Außenbezirke der Stadt kamen, fanden sie eine alte Hütte, die niemand bewohnte. Sie betraten sie und fanden nichts darin und beschlossen, die Nacht dort zu verbringen.

"Deine Grossmutter hat mir von ihrer Tochter erzählt, die nahe der sudanesischen Grenze lebt", sagte Saleh zu Abdul. "Sie beschrieb mir den Weg zu ihrem Dorf Qaria* (*Name geändert). Wir werden morgen zu Fuss dorthin gehen. Es ist sehr gefährlich, mit dem Bus in dieses Dorf zu fahren. Das Militär kontrolliert überall alle Transportmittel."

"Gut, Saleh, möge Gott mit uns sein. Ich werde jetzt schlafen. Gute Nacht", antwortete Abdul.

"Ja, gute Nacht, Abdul", sagte Saleh.

Am nächsten Tag, vor Sonnenaufgang, weckte Saleh Abdul und sagte ihm: "Wir müssen jetzt gehen."

Abdul ass sein mit Eiern gefülltes Brot, das ihm seine Grossmutter gegeben hatte, und machte sich mit Saleh auf den Weg zum Dorf Qaria. Sie gingen nicht auf der öffentlichen Straße, weil sie Angst hatten, dass die Soldaten sie sehen würden. Sie wanderten auf Nebenstrassen, die an Bauernhöfen vorbeiführten. Nachdem sie etwa zwei Stunden gelaufen waren, zeigten sich auf Abduls Gesicht Anzeichen von Müdigkeit. Abdul bat Saleh, anzuhalten und eine Pause zu machen. Sie hielten unter einigen Bäumen an, die den ganzen Weg säumten. Saleh zeigte im Gegensatz zu Abdul keine Anzeichen von Müdigkeit, aber eine Anspannung zeigte sich auch auf seinem Gesicht.

"Was ist mit dir los? Warum bist du so angespannt? ", fragte Abdul.

"Wir haben uns verirrt." Ich weiß nicht, wo wir sind. Aber unsere Orientierung ist in die entgegengesetzte Richtung des Sonnenaufgangs. Wenn wir Glück haben, kommen wir vielleicht in das verdammte Dorf", antwortete Saleh.

"Hast du gesagt, wenn wir Glück haben? "
"Was meinst du? "
"Was, wenn wir Pech haben? Werden wir sterben?", fragte Abdul wieder.

"Wenn wir kein Glück haben, werden wir den Soldaten in die Hände fallen, aber keine Sorge, sie werden uns nicht töten, vielleicht lassen sie uns für die nächsten zwanzig oder dreissig Jahre im Gefängnis, nicht mehr," sagte Saleh und lächelte.

"Nicht mehr?"
"Ich werde ein junger Mann in meinen dreissig oder höchstens vierzig Jahren sein, wenn wir aus dem Gefängnis kommen. Du wirst aber so alt sein, dass du einen Stock zum Anlehnen brauchst", sagte Abdul und lachte.

"Jetzt genug gescherzt. Seien wir optimistisch, und so Gott will, wird uns nichts Schlimmes passieren. Gehen wir jetzt da entlang", sagte Saleh und zeigte mit seinem Finger in die Richtung.

Nach rund einer Stunde merkten sie, dass sie sich in den Wäldern und zwischen allen Farmen verirrt hatten.

Plötzlich hörten sie jemanden, der zu ihnen sagte: "Stopp!"

Nun bekamen Abdul und sein Freund Saleh Gänsehaut. Sie drehten sich um und sahen einen alten Mann, der mit seinem Stock auf sie zeigte und sagte: "Was macht ihr auf meiner Farm? Seid ihr hierhergekommen, um etwas zu stehlen?"

"Endlich, Gott sei Dank, fanden wir jemanden, der uns den Weg zu diesem Dorf zeigt", antwortete Saleh.

"Hören Sie. Haji, wir waren nicht hier, um ihnen etwas zu stehlen, das schwöre ich bei Gott. Wir wollen in ein kleines Dorf namens Qaria. Wir haben uns verirrt. Und das ist mein kleiner Bruder Abdul. Wir gehen zu meiner Tante, die in diesem Dorf lebt. Wir haben gehört, dass sie sehr krank ist und wir kommen, um ihr zu helfen, also bitte, Haji, hilf uns und zeige uns den Weg", fügte Saleh an.

Ein Ausdruck des Bedauerns und der Traurigkeit erschien auf dem Gesicht dieses Mannes.

"Qaria ist ein Dorf weit weg von hier. Vielleicht anderthalb bis zwei Stunden zu Fuss. Wie auch immer, ich frage euch nicht, warum ihr nicht mit dem Bus dorthin gefahren seid. Ich weiss, dass die Regierung und das Militär hart gegen die Menschen mit den Kontrollen vorgehen. Ich mag diese Regierung nicht und habe auch keine Angst vor ihnen", sagte der alten Mann.

Der Mann gab Abdul und Saleh Wasser zum Trinken. Er lief eine Weile mit ihnen auf der Strasse und unterhielt sich mit ihnen. Nach einer Weile blieb der Mann stehen und sagte:

"Hier ist meine Grenze. Ich muss zurück zu meiner Farm, um sie mit etwas Wasser zu giessen."

Er beschrieb Abdul und Saleh den Weg zum Dorf.

"Gott schütze dich und deinen Bruder. Pass gut auf deinen kleinen Bruder auf, er ist die Zukunft dieses wunderschönen Landes", sagte er zu Saleh

Der nette alte Mann wusste nicht, dass diese Zukunft das Land verlassen und auswandern wollte.

Kapital 3
Die Tante Aisha

Saleh und Abdul machten sich auf den Weg, den der alte Mann ihnen beschrieben hatte. Nach einer langen Strecke entlang von vertrockneten Bäumen, in der Hitze der Sonne bei einer Temperatur von über 40°C erreichten sie das Dorf. Als sie den Markt dieses Dorfes erreicht hatten, betraten sie ein Restaurant. Sie waren ausgehungert. Nachdem sie ihre Bäuche gefüllt und Tee getrunken hatten, fragten sie nun nach der Adresse von Abduls Tante, die Aisha heisst. Die Menschen im Dorf Qaria waren sehr nett und hilfsbereit. Sie halfen Abdul und Saleh, Aishas Haus zu finden. Aisha war sehr überrascht, als sie ihren Neffen Abdul vor ihrer Tür sah. Sie kannte Abdul gut, weil sie manchmal ihre Mutter und Schwester in der Stadt Keren besuchte. Aisha hatte fünf Kinder. Zwei von ihnen lebten im Sudan, wohin sie wie viele andere junge Eritreer ausgewandert waren. Und drei von Aishas Kindern waren klein und lebten mit ihrer Mutter in diesem Dorf, wo sie die Grundschule besuchten und in ihrer Freizeit Ziegen hüteten. Aishas Ehemann war ein Soldat. Er war zu diesem Zeitpunkt nicht anwesend. Er war in irgendeinem Militärcamp im Süden Eritreas. Aisha hiess Abdul und seinen Freund Saleh in ihrem Haus willkommen und versorgte sie mit Essen und Wasser. Saleh und Abdul erzählten Aisha, dass sie in den Sudan flüchten wollten. Aisha war von der Nachricht nicht überrascht, denn sie wusste das sofort, als sie sie zum ersten Mal vor ihrer Tür sah.

"Ich weiss, dass ihr in den Sudan flüchtet. Ich weiss, dass ihr nicht gekommen seid, um mich nur in einem so weit entfernten Dorf zu besuchen, das nichts zu bieten hat", sagte Aisha und lächelte.
Aber Aisha war sehr nervös. Sie befürchtete, dass Saleh und Abdul in ihrem Haus festgenommen würden und die Regierung ihr vorwerfen würde, sie habe versucht, Menschen bei der illegalen Auswanderung zu helfen.

Abdul erzählte seiner Tante seine Geschichte, wie sein Weg voller Gefahren war und wie er mit Saleh in dieses Dorf kam.
"Gott sei Dank, dir ist nichts passiert", sagte Aisha. Weiss deine Familie von wo du bist, Abdul? Weiss meine Schwester überhaupt, dass du in den Sudan auswanderst? ", fragte sie Abdul.

Abdul zögerte und sagte dann: "Ja, natürlich weiss meine Familie alles. Meine Mutter sagte, ich solle zu dir kommen und du würdest mir helfen. Meine Grossmutter kam sogar mit mir nach Tesseney. Sie wäre hierhergekommen, wenn ich meinen Freund Saleh nicht getroffen hätte. Nicht wahr, Saleh?", fügte Abdul an und fragte Saleh um Bestätigung.

"Was er über seine Grossmutter sagt, stimmt. Und was den Rest betrifft, weiss ich nichts", antwortete Saleh.

Es gab kein Internet oder ein anderes Kommunikationsmittel, damit Aisha Abduls Mutter kontaktieren und seine Lüge entdecken konnte, dass ihre Mutter diejenige war, die seine Abreise vorbereitet hatte. Aisha blieb nichts anderes übrig, als Abdul zu glauben und ihm zu helfen. Denn auch sie wusste, dass es für junge Menschen in diesem Land keine Zukunft gab. Deshalb waren ihre vier Kinder auch in den Sudan ausgewandert.

"Ich habe keine andere Wahl, als dir zu helfen und dich in meinem Haus zu beherbergen. Du bist der Sohn meiner Schwester, Abdul. Aber deine Mutter wird mich umbringen, wenn dir etwas Schlechtes passiert", sagte Aisha.

"Keine Sorge, Tante, mir passiert nichts, ich bin ein starker Mensch. Und Saleh ist mit mir. Ich vertraue ihm sehr gut", antwortete Abdul seiner Tante.

Aisha sagte zu Abdul und Saleh, sie sollten fünf Tage bis zum nächsten Sonntag warten. Denn der Sonntag ist der offizielle Feiertag in Eritrea. Und auch der Tag des grossen Marktes in der Grenzstadt Omhajer. An diesem Tag wurde die Kontrolle der eritreisch-sudanesischen Grenze durch die eritreische Armee gelockert, da viele Angehörige der Armee am Sonntag frei haben oder auf den Omhajer-Markt einkaufen gehen. Aisha wollte auch, dass Abdul und Saleh die verbleibende fünf Tage in ihrem Haus blieben, weil sie nicht das Leben ihrer Kinder und ihr eigenes riskieren wollte, wenn Abdul und Saleh in diesem Dorf festgenommen würden.

Abdul und sein Freund Saleh blieben während dieser fünf Tage in Aishas Haus. Sie warteten auf den Sonntag, um ihren gefährlichen Grenzübertritt in den Sudan zu beginnen. Die fünf Tage waren sehr schwierig und langweilig für Abdul und seinen Freund Saleh. Sie blieben den ganzen Tag in Aishas Haus, und einige Nächte gingen sie heimlich und mit äusserster Vorsicht in dem Dorf umher. Tagsüber spielten sie manchmal mit Aishas Kindern. Sie erzählten ihnen Geschichten aus ihrem Leben. Und Abdul hat ihnen manchmal bei den Hausaufgaben geholfen. Die Kinder und Aisha genossen die Momente, die sie mit Abdul und Saleh verbrachten. Abdul und Saleh amüsierten sich auch, weil ihre Sorgen gelindert wurden, als sie mit Aishas Kindern sassen und spielten.

Tage vergingen, Tag für Tag, bis der verheissene Sonntag kam. An diesem Morgen assen Saleh und Abdul ihr Frühstück, das Aisha für sie zubereitet hatte. Dann zogen sie sich Schafspelze an, um keinen Verdacht zu erregen, und damit die Leute dachten, dass sie aus den Aussenbezirken dieses Ortes stammen, der für ihre Hirten und ihre vielen Bauernhöfe berühmt war.

Abdul verabschiedete sich von seiner Tante Aisha und ihren Kindern. Sie dankten ihr für ihre Grosszügigkeit und Gastfreundschaft. Anzeichen von Anspannung füllten Aishas Gesicht, denn anscheinend machte sie sich grosse Sorgen um ihren Neffen. Sie und ihre Kinder waren traurig über den Abschied von Abdul und Saleh, mit denen sie sehr lustige und glückliche Zeiten verbracht hatten. Nach dem traurigen Abschied von Aisha und ihren drei Kindern packten Abdul und Saleh ihre Sachen zusammen und machten sich auf den Weg über die Grenze. Saleh verfügte über Erfahrung im Strassen-Tracking, die er in seinem Dienst bei der eritreischen Armee gesammelt hatte. Saleh ging auf dem mit Dornen übersäten Weg vorne und Abdul hinter ihm in Richtung des Dorfes namens Hamdayit, das nach dem Grenzübertritt direkt auf sudanesischem Gebiet liegt. Saleh, der in der Armee diente, war eine starke Person, die viele Schwierigkeiten und

Ich floh aus der Heimat mit meiner eigenen Freiheit,
Wo Gewalt und Ungerechtigkeit Angst empfinden,
In einem anderen Land gehen wir zum Leben,
Weil die Ungerechtigkeit Angst macht,
Wir sind den langen Weg gegangen,
Mit Hoffnung gehen wir in eine andere Richtung,
Aber der Weg enthält Schwierigkeiten,
Und überall ist Vorsicht geboten,
Und Geduld, um Schutz zu erreichen,
Bis wir die Freiheit haben.

~ Chat GPT

Schmerzen ertragen konnte. Abdul im Gegensatz zu Saleh wollte ständig anhalten, um sich ein wenig auszuruhen.

Das Wetter war sehr heiss. Glücklicherweise hatten Saleh und Abdul genug Wasser für ihre Reise mitgenommen. Nach einer Weile unterwegs begann Abdul unter der Hitze, die mehr als 45 Grad Celsius betrug, zu leiden. Und von den grossen Dornen, die seine Schuhe durchbohrten und seine Füsse anschwellen und stark bluten liessen. Abdul versuchte, den Schmerz in seinen Füssen zu ertragen und ging weiter mit Saleh in der sengenden Hitze der Sonne. Saleh hatte ein gutes Paar feste Schuhe, die er von der Armee bekommen hatte. Anders als Abdul, der seine Schuhe auf dem Markt in der Stadt Omhajer gekauft hatte. Es war ein Schuh, der nicht ganz so steif war wie Salehs Schuh. Abdul und Saleh hielten von Zeit zu Zeit an, um ein wenig Pause zu machen und Dornen von Abduls Beinen zu entfernen, unter denen er so sehr litt. Je weiter sie liefen, desto heisser wurde das Wetter. Darum brauchten sie mehr Pausen, um anzuhalten und sich auszuruhen, während sie unter Bäumen und über die Dornen gingen, die den Weg säumten.

Während sie weiterliefen, erblickte Saleh plötzlich nicht weit entfernt eine Person mit einem Kamel, die unter einen Baum sass. Anscheinend beschattete der Baum ihn und sein Kamel.

"Runter, runter, vor uns steht ein Soldat, offenbar bewacht er die Grenzen", sagte Saleh mit leiser Stimme zu Abdul.

"Verdammt, was machen wir jetzt?", fragte Abdul.

"Wir müssen einen anderen Weg finden, um ihn zu umgehen", antwortete Saleh.

"Aber das wäre ein langer Weg und ich kann es nicht ertragen. Ich habe keine Kraft mehr", sagte Abdul. "Lass uns diesen Weg gehen, und wenn uns das Soldat sieht, sind wir zwei Personen und er ist nur eine Person. Das kriegen wir hin."

"Wovon redest du? Bist du verrückt? Hast du nicht die Kalaschnikow neben ihm gesehen?", fragte Saleh. "Er hat eine Waffe, du Idiot. Und du, du kannst kaum laufen. Wie werden wir das hinkriegen? Sag mir das, Rambo. Lass uns jetzt umkehren, bevor er uns sieht", fügte er an.

Abdul bemerkte, dass Müdigkeit und Erschöpfung ihn dazu brachten, Dinge zu sagen, die für Saleh, der über militärische Erfahrung verfügte, nicht einfach waren. Sie nahmen den anderen Weg und glücklicherweise konnten sie den Soldaten mit seinem Kamel umgehen. Abdul und Saleh setzten ihren Weg in ihrer Erschöpfung und ihrem Leiden fort. Nach einer Weile tauchte vor ihnen in der Ferne eine Netzantenne auf.

"Sieh mal, Abdul", sagte Saleh und zeigte auf die Antenne. "Diese Antenne muss auf sudanesischem Gebiet von Hamdayit stehen. Was für ein Tag. Lass uns gehen, Abdul, wir haben es fast geschafft."

Freude begann deutlich in Salehs Gesicht zu erscheinen. Abdul war sehr erschöpft und konnte kaum sprechen. Als sie sich dem Dorf näherten, klopften sie aus ihren Kleidern den Staub, der sie bedeckte.

"Wir werden jetzt die Aussenbezirke des Dorfs betreten. Also müssen wir untereinander Arabisch sprechen, damit die Leute denken, wir seien Sudanesen. Andernfalls könnten sie die Polizei informieren. Die Polizei würde uns festnehmen", sagte Saleh zu Abdul.

Im Sudan ist Arabisch die Amtssprache des Landes. Arabisch gilt neben den Sprachen Tigrinya und Tigre auch als eine der Amtssprachen des Landes Eritrea. Abdul und Saleh hatten Arabisch in der Grundschule gelernt, darum beherrschten sie die Sprache gut. Sie kamen an den Rand der Stadt und fanden dort einen Hirten. Saleh fragte ihn, ob dieses Dorf Hamdayit sei. Er wollte sichergehen, dass sie am richtigen Ort angekommen waren. Als der Hirt ihnen sagte, dass dies Hamdayit sei, waren Saleh und Abdul beruhigt. Und sie wussten, dass sie ihr Ziel, ihren Wunschort, erreicht hatten.

Kapital 4
Verirrt in Sudan

Nachdem Saleh und Abdul im Sudan angekommen waren, trennten sie sich und gingen in verschiedene Richtungen. Abdul ging in eine Stadt namens Kassala im Osten des Sudan. Und Saleh ging in eine andere Stadt namens Al-Qadarif. Abdul blieb fast vier Monate in Kassala mit dem Bruder und seiner Frau der Großmutter, die ihn in die Stadt Tesseney begleitet hatte. Abduls Füsse erholten sich in den ersten Wochen von den Folgen der Dornen und Schwellungen.

Vier Monate später zog Abdul in eine andere Stadt. Abdul bewegte sich zwischen sudanesischen Städten, einschließlich der Hauptstadt Khartum, hin und her. Während seines Aufenthalts im Sudan arbeitete Abdul an verschiedenen Orten und in verschiedenen Berufen. Es war einmal der Verkauf von Gemüse und Obst in Kassala. Und einmal in einem Ort für Billardspiele, die er gekauft hatte. Er arbeitete sogar für den Sudanesischen Roten Halbmond mit einem gefälschten Zertifikat als Datenbank-Spezialist. Er arbeitete dort sechs Monate lang an der Dateneingabe an einem Computer, bis er von der Polizei gefasst und in ein Flüchtlingslager gebracht wurde. Kurz nachdem er das Lager betreten hatte, versteckte er sich in einem großen Lastwagen und floh aus dem Lager. Danach zog er weiter von einer Stadt in die andere und von einem Beruf zum anderen.

Abdul lebte zwei Jahre und drei Monate im Sudan. Während dieser Zeit im Sudan fand er etwas von der Freiheit, nach der er sich gesehnt hatte. Aber er dachte, dass der Aufbau seiner Zukunft in diesem Land auch sehr schwierig, wenn nicht unmöglich ist. Abdul hatte gehört, dass viele junge Eritreer im Sudan den Weg einer anderen Flucht einschlugen, einen viel gefährlicheren Weg als zuvor: eine weitere Migration durch die Sahara nach Libyen, dann über das Meer nach Italien. Diese Idee verfolgte ihn immer wieder, bis sie zum Thema seiner Diskussion mit den Leuten wurde. Abdul hörte jedes Mal, dass Soundso Glück hatte und in Europa ankam und dort glücklich lebte. Oder von anderen, die kein Glück hatten, sie starben in der Wüste oder ertranken im Meer. Abdul dachte viel über dieses Thema nach.

Eines Tages rief ihn ein Freund, den er im Sudan kannte, aus Schweden auf Facebook an. Bei einem langen Gespräch mit seinem Freund, der Nassir hieß, erinnerten sich einige an die schöne gemeinsame Erinnerung im Sudan. Abdul erzählte Nassir, dass er nach Europa auswandern wolle und dass er sehr verzweifelt aus diesem Land ist. Er wollte in Europa seine Zukunft aufbauen. Nasir ermutigte Abdul und unterstützte seine Ideen.

"Ich weiss, Abdul, dass der Weg sehr gefährlich ist, die Wüste und dann das Meer. Es ist wie ein Glücksspiel. Entweder du hast Erfolg und erreichst dein Ziel, oder du kommst in den Himmel", sagte Nassir zu Abdul. "Ich kenne die Bedingungen im Sudan. Du weißt, dass ich dort war. Was für ein hartes Leben."

"Und glaub mir, mein Freund, ich weiß, dass die Situation sehr ernst ist, aber ich sehe keine andere Wahl ", fügte er am Telefon an.

Nach diesem Gespräch war Abdul überzeugt, dass er dem Weg seines Freundes Nassir folgen sollte und nach Libyen und dann nach Europa flüchten wolle. Nachdem Abdul seine Entscheidung getroffen hatte, dass er auswandern werde, fing er an, den Betrag das Geld für die Reise zu sammeln, den er von seinen verschiedenen

Arbeiten gespart hatte. Dann suchte er nach Schleppern, die ihn durch die Sahara in die libysche Hauptstadt Tripolis schmuggeln konnten.

Nach ein paar Tagen der Suche fand er zwei Personen, die für 1500 $ pro Person Menschen durch die Wüste nach Libyen schmuggeln. Der Betrag, den Abdul gespart hat, betrug nur 1100 $. Er sagte diesen Schmugglern, dass dies alles sei, was er von dem Geld habe. Und dass er nichts anderes habe als das. Die beiden Schmuggler weigerten sich, einen Betrag unter 1500 $ zu akzeptieren. Sie sagten Abdul, er solle den vollen Betrag bringen, sonst würden sie ihn nirgendwo hinbringen. Abdul hatte nicht den Betrag, um den er gefragt wurde. Er wusste nicht, woher er das restliche Geld nehmen sollte. Abdul ging zurück zu dem Schmuggler und sagte ihnen, dass er sein Telefon hatte, das etwa 150 $ wert ist. Abdul sagte ihnen, dass er bereit sei, ihnen zusätzlich zu den 1100 $ das Telefon zu geben.

"Wenn Sie mein Angebot annehmen und mein Telefon zusätzlich zu den 1100 $ nehmen, werden wir einen Deal haben. Und wenn Sie es nicht akzeptieren, werde ich mir andere Makler suchen. Ich werde mir sicher ein besseres Angebot einfallen lassen", sagte Abdul zu den zwei Schmugglern.

Die Makler zögerten zunächst, einigten sich aber schließlich darauf, Abduls Angebot anzunehmen. Offenbar gab es einen Wettbewerb zwischen den Maklern. Daher wollten sie Abdul nicht zu anderen Leuten gehen lassen. Abdul kam mit diesen beiden Personen über Ort und Zeit der Reise überein. Die Makler sagten ihm, er solle pünktlich an den Treffpunkt kommen, was zwei Tage nach ihrem Treffen war. Und er sollte den Betrag und das Telefon oder seinen Betrag mitbringen, sonst werde er sie nicht auf dieser Reise begleiten.

Während der nächsten zwei Tage sammelte Abdul alles, was er für die nächste Reise braucht. Essen, Getränke, passende Kleider und alles Nötige. Abdul wusste, dass ihm ein weiteres Abenteuer bevorstand. Ein Abenteuer, das gefährlicher ist als das, was er mit Saleh erlebte, als sie die Grenze zum Sudan überquerten. Zuerst musste er die Wüste durchqueren, die tagsüber heiß und nachts extrem kalt war. Und dann das Meer mit seinen Wellen überqueren, die viele Migrantenboote getroffen und auf den Grund geschickt haben.

Abdul erzählte seine Familie in Eritrea nicht von seiner nächsten Auswanderung.

Vielmehr erzählte er seiner Mutter, die sehr traurig über die Entfernung zu ihrem Sohn war, und wütend auf ihre Mutter, die ihren Sohn an die Grenze gebracht hatte, eine weitere Lüge. Er sagte ihr, dass er in den kommenden Tagen sehr beschäftigt sein würde und dass er sie nicht anrufen könne. Abduls Mutter wünschte sich, dass ihr Sohn überall und jederzeit sicher ist. Sie bat ihn, sie bei Gelegenheit wieder anzurufen. Und sie riet ihm, er solle sich von Problemen aller Art fernhalten. Die arme Mutter wusste nicht, dass ihr Sohn sich auf ein weiteres Abenteuer begab. Und sie würde überrascht sein, seine Neuigkeit aus Libyen zu hören. Mehr als die erste Überraschung, als sie seine Neuigkeit aus dem Sudan hörte.

Der grosse Tag ist gekommen, an dem Abdul seine Reise beginnt. Über den Saharasand nach Libyen. Und dann über das Meer nach Italien. Aber für die Überquerung des Meeres hatte er noch gar kein Geld. Er hatte vor, seinen Vater die Kosten für die Überquerung dieses Meeres bezahlen zu lassen. Der Vater, der keine Ahnung von den verrückten Gedanken und Taten seines Sohnes hatte.

Kapital 5

Eine zweite Migration über die Saharasand

Abdul kam zum Treffpunkt, der am Rande der sudanesischen Hauptstadt Khartum lag. Er stellte fest, dass er nicht der Einzige war, der nach Libyen auswandern wollte, als er dort zehn andere Menschen verschiedener Nationalitäten sah. Neben Abdul waren es noch zehn weitere Menschen, die die Wüste nach Libyen durchqueren wollten. Die meisten dieser Menschen stammten aus dem Sudan. Aber es gab auch Menschen eritreischer Abstammung, aus Syrien, Somalia und Bangladesch. Abdul gab das Geld und das Telefon den Maklern, mit denen er einverstanden war. Dann schloss er sich den 10 anderen an, die in den offenen Landrover einstiegen.

Das Auto fuhr nach Norden in Richtung der libyschen Grenze. Und nach einer Fahrt, die fast fünf Stunden dauerte, bis es dunkel wurde, hielt das Auto an und alle wurden aufgefordert auszusteigen.

Abdul war nervös und wusste nicht, was los war. Einer der Makler zeigte mit der Hand und sagte:

"Seht ihr diese Hütte? Ihr werdet heute Nacht dort übernachten. Und morgen früh werden unsere Freunde ein anderes Auto bringen und euch über die Grenze bringen. Jetzt geht schlafen, denn ihr habt morgen einen langen Weg vor euch."

Alle hatten keine andere Wahl, als auf die Befehle dieses Maklers zu hören, der Waffen bei sich trug, wie sein Freund auch. Die Makler stiegen in ihren Pickup und fuhren los. Abdul und die anderen gingen alle zu der Hütte, die von ein paar Bäumen umgeben war, inmitten dieses Nichts und der Dunkelheit. Abdul ging mit den anderen zu dieser Hütte. Alle waren überrascht, als sie drei Leute dort fanden. Es waren drei Teenager, die wie alle anderen an diesem Ort durch die Umstände in ihrer Heimat gezwungen waren, nach Europa auszuwandern. Diese drei sagten, dass sie an diesem Tag mittags an diesem Ort angekommen waren. Ihnen wurde auch gesagt, dass sie am nächsten Morgen zur Grenze gebracht würden.

Abdul betrat diese Hütte und suchte nach einem besseren Schlafplatz. Der ganze Ort war voll Sand. Abdul legte sich wie alle anderen auf den sandigen Boden und bereitete sich zum Schlafen vor.

Nun fingen alle an, miteinander darüber zu reden, was sie tun würden, wenn sie nach Europa kommen würden. Drei Sudanesen gingen nach Libyen, um dort zu arbeiten und sich niederzulassen. Sie hatten kein Interesse daran, nach Europa zu gehen. Alle waren von ihren Worten überrascht und fragten sie warum denn Libyen.

Libyen war damals ein Ort der Konflikte und Kriege. Es war kein Ort, um zu arbeiten und sich niederzulassen. Aber jeder hatte seine eigenen Ziele und Meinungen.

"Du, in welches Land wirst du gehen, wenn du Europa erreichst?" fragte einer der Anwesenden Abdul.

"In die Schweiz", antwortete Abdul. "Ich werde in die Schweiz gehen, weil in Genf alle Büros der Vereinten Nationen und vieler anderer Organisationen sind. Sie kennen sich dort mit Menschenrechten aus."

"Die Schweiz ist ein Land der Banken, du weisst, wo das Geld ist, ja? Deshalb gehst du in die Schweiz, oder?", mischte sich jemand ein. Alle lachten.

"Nein, nicht wegen Geld. Ich möchte nur wie ein Mensch behandelt werden. Und wenn ich nicht in die Schweiz komme, gehe ich in ein anderes Land, egal wohin", antwortete Abdul.

Jeder, der nach Europa gehen wollte, hatte unterschiedliche Zielorte. Darunter waren solche, die nach Deutschland gehen wollten, weil sie dort Verwandte hatten. Und einige von ihnen, die nach Schweden und die Niederlande aus verschiedenen Gründen gehen wollten.

Nach dem Plaudern und Lachen inmitten dieses Nichts ging jeder schlafen und wartete darauf, was für ihn morgen, der Tag, an dem sie die Grenze in ein anderes Land überqueren sollten, bevorstand.

Es gab keine Vögel, die die Menschen an diesem Ort aufwecken konnten. Alle erwachten durch das helle Sonnenlicht, das durch das Dach der alten Hütte fiel. Für alle war das ihr letzter Schlaf in diesem Land. Nun warteten alle auf einen Truck.

Mehrere Stunden vergingen und kein Auto kam. Abdul begann sich zu fragen, ob wirklich ein Auto komme, um sie abzuholen. Oder haben diese Makler das Geld genommen und sind ihrer Wege gegangen? Und haben sie diese vierzehn Menschen in diesem Nichts ihrem Schicksal überlassen?

Abdul war wie alle anderen dort besorgt. Er ging nach links und rechts, um zu sehen, ob ein Auto komme. Einige waren so besorgt, dass sie überzeugt waren, dass niemand kommen würde, um sie zu holen, und sie bereiteten sich darauf vor, zu Fuss irgendwo in eine Richtung zu gehen,

An der Wüste entzünden sich ängstliche Träume, und Menschen, die nach einem besseren Leben suchen. In der trüben Dunkelheit versuchen sie sich zu bewegen, auf der Suche nach dem friedlichsten Leben. Aber so wurde es noch nicht. Wo es schwierig ist, das Recht auf Leben zu erlangen.

~ Chat GPT

vielleicht könnten sie Glück haben und ein Dorf erreichen. Anspannung und Angst erfüllten alle. Plötzlich rief Abdul, der in einiger Entfernung von den anderen stand: "Da kommt ein Auto. Schaut den Staub an, sie kommen."

Alle kamen zu Abdul gerannt, überwältigt von Freude und Erleichterung. Das Auto kam mit drei Schmugglern an diesem Nachmittag und beseitigte etwas von der Angst und dem Stress, die den Ort erfüllten. Die Schmuggler stiegen aus dem Auto und einer von ihnen fragte, ob alle da seien.

Und er begann, die Leute zu zählen. Alle waren da. Aber wenn das Auto einige Minuten später gekommen wäre, wären nicht mehr alle Flüchtlinge am Ort gewesen. Sie hätten sich in ihrer Verzweiflung selber auf den Weg gemacht. Niemand hätte es gewagt, die Schmuggler zu fragen, warum sie so spät dran waren und warum sie nicht am Morgen gekommen waren. Sie waren bewaffnet.

Ein Schmuggler befahl allen, ihre Sachen zu holen und auf das Auto zu steigen. Das Auto war ein offener Land Rover. Die Schmuggler waren dafür bekannt, mit dieser Art von Autos Menschen und Waren zu schmuggeln. Alle fingen an, auf die Ladefläche des Autos zu steigen. Dann fragte Abdul einen der drei Schmuggler:

"Gibt es einen freien Vordersitz?"

"Nein, Prinzessin, fahr mit den anderen oder wir lassen dich hier für den Tod", antwortete der Schmuggler und schubste Abdul zu der Ladefläche des Autos.

Abdul stieg mit den anderen hinten in den Truck.

"Sei vorsichtig im Umgang mit diesen Leuten. Sie sind böse. Sie kümmern sich um nichts als das Geld, das sie von Leuten wie du und mir nehmen. Wir müssen ihren Befehlen folgen", sagte jemand mit leiser Stimme zu Abdul.

Das Auto mit dem 14 Migranten und den drei Schmugglern fuhr in Richtung der libyschen Grenze. Es war eine sehr lange Fahrt durch die Wüste. Und um das Auto herum stieg Staub auf. Der Staub bedeckte alle auf der Ladefläche des Autos, sodass sie sich nicht mehr sehen konnten. Nach einer langen Reise kam die Nacht und das Auto hielt an. Die Schmuggler sagten, dass alle die Nacht hier verbringen würden. Abdul holte aus seiner Tasche etwas zu essen. Aber Müdigkeit und Erschöpfung liessen keinen Appetit aufkommen. Der Sand war in der Wüste jedermanns Bett. Und es war sehr kalt dort. Tagsüber war es sehr heiss. Aber in der Nacht war es fast so kalt, als ob alles zugefroren wäre. Man wusste nicht, ob in dieser Wüste Winter oder Sommer war, obwohl es Januar war.

Abdul lag auf dem Sand und benutzte seine Tasche als Kissen. Er schaute in den Himmel. Oh mein Gott, der Blick auf den Himmel war wunderschön mitten in dieser Wüste. Die Sterne leuchteten überall und sie waren sehr nah. Abdul schaute weiter auf diese Sterne und meditierte über sie. Wie wunderbar es sich anfühlte, inmitten dieser Umstände etwas so Schönes zu sehen. Abdul, der den Weltraum und alles darin liebte, dachte lange über diese großartige Szene nach. Er hoffte, dass sich seine Zukunft wie diese Sterne erhellen werde, wenn er nach Europa kam. Der Schlaf überfiel Abdul, während er in den Anblick der Sterne vertieft war. Kaum war Abdul eingeschlafen, wachte er erschrocken durch Schüsse auf. Die Schüsse, die von einem der Schmuggler abgefeuert wurden.

"Alle aufwachen, wir gehen", schrie der Schmuggler und feuerte in die Luft.

Es war noch Nacht. Abdul schaut auf die Uhr in seiner Hand und stellte fest, dass es fünf Uhr morgens war.

"Verdammt seien diese Leute, es ist immer noch Nacht, warum lassen sie uns nicht friedlich schlafen?", sagte Abdul zu sich.

Abdul und die anderen stiegen ins Auto und machten sich vor Sonnenaufgang auf den Weg. Das Auto fuhr sehr schnell und jeder hielt sich an irgendetwas am Auto fest, damit er nicht herausgeschleudert wurde. Ein Schal flog von einem der Passagiere, den er benutzte, um sein Gesicht vor dem Staub zu schützen. Als er versuchte seinen Schal zu halten sich nicht mehr am Auto festhielt, flog er ebenso wie sein Schal aus dem Auto. Was für eine beängstigende Szene war das für die anderen.

"Stopp! Stopp!", schrien alle oben auf dem Auto.

Das Auto hielt an und die Schmuggler kamen wütend heraus.

"Was ist euer Problem?", fragten die Schmuggler.

Abdul und die anderen antworten den Schmugglern, dass jemand wegen ihrer extremen Geschwindigkeit aus dem Auto runtergefallen sei. Vier Personen stiegen aus, um nach der gefallenen Person zu suchen. Sie sahen ihn kaum inmitten dieser Gräben, bis sie eine Stimme hörten, die weinte und rief: "Hilfe, Hilfe!". Sie kamen zu dieser Person und stellten fest, dass er kaum stehen konnte. Eines seiner Beine war gebrochen. Die vier halfen dem Mann, das Auto zu erreichen, und dann gab ihm einer ein Beruhigungsmittel gegen die starken Schmerzen, unter denen er litt. Es war ein Glück für diesen armen Mann, dass der Boden Sand war. Sonst wäre es vielleicht schlimmer gewesen. Abdul und die anderen baten die Schmuggler, nicht mit diesem Tempo zu fahren.

Denn es war sehr gefährlich für diejenigen, die sich hinten im Auto befanden. Aber die Antwort der Schmuggler war hart.

"Wir werden unser Tempo nicht reduzieren, sondern mehr erhöhen, um schnell unseren Zielort zu erreichen. Jeder muss sich gut festhalten. Nächste Mal halten wir vielleicht nicht an, wenn jemand fällt", sagte einer der Schmuggler.

Die Schmuggler kümmerten sich nicht um den armen jungen Mann, der wie ein Stück Papier von der Ladefläche des Autos geflogen war. Sie kümmerten sich nicht einmal um das Leben von irgendjemandem. Es war ihnen alles egal. Sie waren echt böse Menschen. Darum musste sich jeder gut festhalten, um nicht von diesem Auto zu fallen. Vielleicht würden sie mitten in dieser elenden Wüste zurückgelassen. Das Auto fuhr nach diesem Vorfall weiter, ohne langsamer zu werden. Sondern beschleunigte immer mehr, wie sie es gesagt hatten.

Nach einer Weile hielt das Auto an. Alle sahen ein anderes Auto daneben. Ein anderes Auto, das wegen des Wüstenstaubs vorher niemand sehen konnte. Abdul und den anderen wurde befohlen, aus dem Auto auszusteigen. Dann kam einer der Schmuggler und sagte ihnen:

"Unsere Reise mit euch ist fertig. Das sind unsere libyschen Freunde. Von hier aus werden sie sich um euch kümmern. Sie werden euch nach Libyen fahren. Nun soll jeder sein Gepäck nehmen und auf dieses libysche Auto aufsteigen", fügte er an.

Abdul dachte sich, was für ein grosses Netzwerk, das hinter diesem Schmuggelgeschäft steckt. Menschen aus verschiedenen Ländern kooperieren miteinander in diesem illegalen Geschäft.

Abdul nahm seine Tasche und ging mit den anderen zum libyschen Auto. Das Auto, das ebenfalls von drei Schmugglern gefahren wurde. Aber nicht wie vorher Sudanesen, sondern Libyer. Sie waren auch bewaffnet. Die Szenen waren für Abdul wie in einem Gangsterfilm. Die zwei Autos fuhren in entgegengesetzte Richtungen. Das sudanesische kehrte Richtung Sudan zurück, vielleicht um andere Migranten zu schleppen. Und das andere Auto, in dem Abdul und die anderen Migranten waren, fuhr ins libysche Landesinnere.

Am nächsten Abend hielt das Auto an. Alle würden eine zweite Nacht in der Wüste verbringen. Abdul lag auf dem Sand, um wieder von dem Anblick des Himmels verzaubert zu werden. Ein schöner Anblick, genau wie in der letzten Nacht. Abdul starrte den Himmel an, bis er wie zuvor einschlief. Was für eine grosse Wüste. Zwei Tage Nonstop-Fahren am Tag, und es ist noch nicht vorbei.

Alle wachten am neuen Tag auf, aber nicht von den Schüssen wie letztmals. Sondern von den Schreien eines Schmugglers, der schrie und sagte: "Wacht auf, ihre Bastarde, es ist Zeit zu gehen. "

Abdul, der 15 Jahre alt war, sah auf dieser Reise nichts Schönes. Nur Dunkelheit. Dunkelheit, in der er das Licht der Sterne und die Schönheit des Himmels inmitten dieser kargen Wüste sehen konnte. Ihr dritter Tag neigte sich dem Ende zu, und die Nacht nahte. Alle dachten, sie würden unterwegs eine dritte Nacht verbringen. Was für eine lange Reise. Die Nacht kam und das Auto hielt nicht an. Abdul begann sich zu fragen, warum das Auto nicht anhielt. Normalerweise hält es an, wenn die Nacht kommt, damit sich alle ausruhen und schlafen konnten. Abdul hörte jemanden sagt: "Anscheinend gibt es heute Nacht keinen Halt mehr. Oh mein Gott, es wird eine lange Nacht sein." Alle waren sehr müde und wünschten sich, dass das Auto anhält, damit sie schlafen könnten.

Aber niemand wagte es, diese Schmuggler aufzufordern anzuhalten.

In der Ferne tauchten ein paar Lichter auf. "Schaut, da sind Lichter", sagten alle zueinander. Jeder war froh, Lichter auf der Erde zu sehen als die Lichter der Sterne, auch wenn sie nicht so schön waren, sie waren aber realistische und nahe. Nun wusste Abdul, warum das Auto nicht anhielt. Denn das Ziel war nahe. Das Auto fuhr weiter auf diese Lichter zu. Je näher sie kamen, desto zahlreicher und grösser wurden die Lichter. Das Auto erreichte das beleuchtete Gebiet, bei dem es sich um ein kleines Dorf auf libyschem Gebiet handelte, nachdem sie die Wüste endlich durchquert hatten. Das Auto fuhr weiter in ein Gebäude, das von Bauernhöfen umgeben war. Als das Auto anhielt, wurde Abdul und den anderen Migranten befohlen, auszusteigen. Die Schmuggler kamen und sagten, dass alle die Nacht in diesem Gebäude namens «Mazraa» verbringen würden. Und morgen werde entscheiden, wie sie weitergehen. Abdul betrat das Gebäude. Es war voll von anderen Migranten verschiedenen Geschlecht und vieler Nationalitäten. In dem Gebäude gab es viele Räume voller Menschen. Die Schmuggler nutzten die Räume als vorübergehendes Gefängnis für die

Migranten. Für diejenigen, die das Geld noch nicht bezahlt hatten, bis ihre Familien ihnen die erforderlichen Beträge zahlten. Abdul und die anderen betraten einen dieser Räume. Es waren viele andere Leute in diesem Raum.

Niemand hatte eine andere Wahl, als den Schmugglern zuzuhören. Es gab viele bewaffnete Schmuggler in diesem Gebäude, die das «Mazraa» betrieben. Es war wie ein Hochsicherheitsgefängnis. Keiner konnte aus diesem Knast fliehen. Und keiner konnte in dem überfüllten Raum schlafen.

Kapital 6
Die schreckliche Szene

Der neue Tag begann. Die Tür des Raumes wurde geöffnet und Abdul und seine Gruppe gingen hinaus. Ausser einer Person. Diese Person hatte nicht den vollen Betrag bezahlt, also musste er in diesem Raum bleiben, bis er den Rest des Betrags bezahlt hatte. Abdul und die anderen machten sich auf den Weg in eine Stadt namens Sabha in Zentrallibyen, was der mit den Schmugglern im Sudan vereinbarte Zielort war. Sie stiegen mit neuen Schmugglern in ein anderes Auto und fuhren in Richtung dieses Ziels. Abdul und die anderen liessen ihren Gefährten, der nicht den vollen Betrag bezahlt hatte, an diesem Ort zurück und wünschten ihm Glück und Erlösung.

Das Auto, dieses Mal mit 13 Einwanderern, bewegte sich in Richtung der Stadt Sabha. Nach etwa 6 Stunden Fahrt, kamen sie zu einem unbewohnten Haus in einer Stadt. Dieses Haus wurde offenbar von dem Schmugglernetzwerk betrieben. Abdul betrat dieses Haus in der Hoffnung, eine bessere Nacht zu verbringen als seine vorherigen Nächte. Das Essen war allen ausgegangen, also baten sie die Schmuggler, ihnen Essen zu bringen. Die Schmuggler liessen Abdul und seine Gefährten in dieses Haus eintreten und sagten ihnen, dass sie ihnen Essen bringen würden. Dann schlossen sie die Tür von aussen zu und gingen.

Abdul und die anderen warten stundenlang in diesem Haus und drehten sich hungrig um. Die Schmuggler, die sagten, sie würden Essen bringen, kamen nicht. Alle fingen an, in diesem Haus nach etwas Essbarem zu suchen. Einige von ihnen versuchten, die Tür dieses Hauses aufzubrechen, um hinauszugehen und etwas Essbares zu suchen. Aber alle ihre Versuche schlugen fehl. Der Tag verging und die Nacht verging. Für Abdul, der sich eine bessere Nacht gewünscht hatte, war das seine schlimmste Nacht. Alle waren verzweifelt und sehr hungrig. Sie dachten, dass sie in diesem elenden Haus sterben werden.

Am nächsten Morgen kamen die Schmuggler und brachten Essen mit. Alle waren sehr wütend auf sie. Weil sie so stark hungern mussten und ihnen niemand Essen brachte. Aber sie konnten nichts tun. Abdul nahm das Essen von den Schmugglern und begann, es an seine

Kameraden zu verteilen. Dann nahm er auch endlich sein Essen, da er wie die anderen auch an grossem Hunger litt. Nachdem alle ihre Energie wiedergewonnen hatten, stiegen sie wieder in das Auto, wie es ihnen befohlen wurde. Das Auto setzte sich weiter in Richtung der Stadt Sabha in Bewegung. Libyen ist ein sehr großes Land. Die Entfernungen zwischen den Städten waren riesig.

Als Folge der damaligen Konflikte und Kriege im Land kontrollierten Drogen- und Schmuggelbanden große Gebiete in diesem Land. Es gab keine stabile Regierung.

Nach einer langen Fahrt tagsüber wurde es dunkel. Das Auto hielt bei einem anderen Haus an, damit die Gruppe die Nacht wieder unterwegs verbringen musste. Abdul hatte Angst, dass sie wieder fast verhungern müssten. Zu ihrem Glück brachten die Schmuggler diesmal Essen und verteilten es an Abdul und seine Mitmigranten. Sie betraten das Haus und diesmal machte sich niemand Sorgen um die Tür. Einer der Räume im Haus war komplett mit Kleidern vollgestopft. Es hatte dort viele Schlafdecken. Abdul und seine Gefährten legten sich in diesen Raum. Abdul fühlte sich so gut, als er in diesen Kleidern lag. Er konnte dem Schlaf nicht widerstehen. Als Abdul morgens aus dem Schlaf erwachte, sagte er seinen Kameraden:

"Ich habe nicht mehr so geschlafen, seit wir aus dem Sudan gezogen sind. Was für eine erholsame Nacht."

Alle stimmten zu und sagten, es sei die beste Nacht gewesen, die sie je geschlafen hätten. Am Nachmittag kamen zwei Autos, eines leer und des anderen vollen Migranten. Abdul und seine Gefährten stiegen bei dem leeren Auto zu, das von neuen Schmugglern gefahren wurde. Die Schmuggler sagten, dass alle heute in der Stadt Sabha ankommen würden. Diese Stadt, nach der sich alle sehnten, um ihr Leiden loszuwerden.

Die beiden Autos setzten ihren Weg fort und erreichten nach Stunden die Stadt, die im Zentrum Libyens liegt. An der Stelle, wo sie ankamen, gab es ein grosses Lager voller Einwanderer. Jeder, der in diesen Autos kam, betrat dieses Lagerhaus. Abdul betrat das Lager und sah dort eine Armee von Migranten. Nach einem kurzen Aufenthalt in diesem Lagerhaus wurden sie herausbeordert. Dann fingen die Schmuggler an, die neu angekommenen Menschen einen nach dem anderen zu fragen, ob sie in Libyen bleiben oder das Meer nach Italien überqueren wollten. Abdul wusste vorher nicht, wie er das Meer überqueren würde und wie er Schmuggler treffen würde, die ihm helfen würden, das Meer zu überqueren. Aber hier waren es diese Schmuggler selbst, die die Leute fragten, ob jemand dieses Meer überqueren wolle. Abdul stellte fest, dass sein Problem, jemanden zu finden, der ihm beim Überqueren des Meeres hilft, gelöst war. Er antwortete den Schmugglern, dass er überqueren wolle.

Die Schmuggler teilten dann die Leute in zwei Gruppen. Eine Gruppe, die in Libyen bleiben wollte, wie die drei aus dem Sudan, die mit Abdul im selben Auto gekommen waren, und eine andere Gruppe, die das Meer überqueren und Europa erreichen wollte. Die Schmuggler befahlen der Gruppe, die in Libyen bleiben wollte, in eines der dort geparkten Autos einzusteigen. Sie sagten ihnen, dass sie sie zum Zentrum dieser Stadt bringen würden. Und sie würden dort auf sich allein gestellt sein, um sich danach um ihre eigenen Angelegenheiten zu kümmern. Keiner wusste, was sie mit ihnen wirklich getan hatten, ob sie sie wirklich zum Stadtzentrum gefahren und sie ihrem eigenen Weg überlassen hatten. Oder sind ihnen andere Dinge passiert?

Die andere Gruppe, in der Abdul war und alle, die das Meer überqueren wollten, kehrten bis auf weiteres in das Lagerhaus zurück. Abdul ging zurück in das große Lager. Die Sonne ging gerade unter. Beim Betreten dieser Lagerhalle wusste niemand, ob es Tag oder Nacht war. Denn Dunkelheit erfüllte den Ort 24 Stunden. Abdul fragte sich zuerst, ob man diesen Schmugglern trauen konnte, dass sie ihm wirklich helfen, das Meer nach Italien zu überqueren. Oder waren sie betrügerische Menschen? Aber er sah keine andere Wahl. Er war den ganzen Weg durch die Wüste mit demselben Schmugglernetzwerk gekommen. Also dachte er, er könnte auch das Meer mit denselben Schmugglern überqueren.

Abdul fing an mit einigen Leuten in der Dunkelheit in dem Lager zu sprechen. Es waren Menschen verschiedener Nationalitäten. Einige von ihnen sagten, dass sie aus dem Tschad und Nigeria stammten, und einige stammten aus Syrien, Äthiopien und vielen anderen Ländern. Die meisten dieser Menschen wollten das Meer überqueren. Und sie waren für unterschiedliche Zeiträume in diesem Lager geblieben. Einige von ihnen befanden sich seit zwei oder drei Tage im Lager. Und andere waren hier seit zwei oder drei

Wochen, weil sie den Betrag für ihre Durchquerung der Wüste noch nicht bezahlt hatten. Oh, mein Gott, was sie mit all den Leuten machten, die noch nicht bezahlt hatten. Abdul wünschte sich, dass seine Familie die Kosten für die Überquerung des Meeres schnell bezahlen würde, damit er nicht wie diese armen Leute in einem so dunklen Gefängnis für lange Zeit verharren würde.

Die Nacht verging, die niemand merkte. Am nächsten Morgen wurden Abdul und andere von den Schmugglern herausgeholt, um sie nach dem Geld für ihre Überquerung des Meeres zu fragen. Abdul sagte ihnen, dass seine Familie ihm den gesamten erforderlichen Betrag zahlen würde. Einige der anderen Migranten hatten Verwandte in Europa, die die Kosten für das Meer tragen würden. Aber Abdul hatte ausser seiner Familie in der Heimat niemanden in Europa. Seine Familie, von der Abdul hoffte, dass sie das Geld für ihren Sohn schnell bezahlen würden.

Die Schmuggler sagten allen, die das Meer überqueren wollten, dass sie heute in die Hauptstadt Tripolis fahren würden. Sie hofften, dass ihre Familien das Geld wirklich zahlen würden. Andernfalls drohten schwerwiegende Folgen.

"Ihr bleibt dort in Tripolis, bis eure Familien für eure Überfahrt bezahlen. Und wenn sie es nicht tun, glaubt mir, ihr werdet es bereuen, dass Sie diese Entscheidung getroffen haben", so warnte ein Schmuggler Abdul und die anderen.

An diesem Tag wollten die Schmuggler vier Autos mit Einwanderern beladen. Sie hatten mehr als zwanzig Leuten in jedes Auto gepfercht. Es war unglaublich, mehr als 20 Personen in einem offenen Toyota oder Land Rover! Die Schmuggler teilten die Migranten in vier Gruppen ein. Sie stellten jede Gruppe in einer Reihe hinter einem Auto auf. Die Schmuggler gingen durch diese Linien und nahmen sechs oder sieben Personen aus jeder Linie. Die Leute, die sie nahmen, waren schlank und jung. Unter ihnen war auch Abdul. Denn er war zusätzlich zu seinem jungen Alter ein schlanker Mensch. Die Wagen bestanden vorne aus zwei Kabinen. Eine Kabine für den Fahrer und ein weiterer Sitzplatz mit ihm. Und eine weitere Kabine hinter dem Fahrer, in der es keine Sitze gab. Es war ein leerer Platz zwischen den beiden Türen.

Die Schmuggler brachten diese schlanken kleinen Jugendliche in diese leere Kabine. Abdul und sechs andere gingen in einem der Autos in die Kabine. Sie waren drei Mädchen und vier Jungen, alle Teenager. Sieben Menschen auf so engem Platz. Sie konnten kaum gut atmen. Aber wie üblich konnte niemand diesen bewaffneten Männern einen Befehl verweigern. Der Rest der Migranten in den Reihen stieg auf der Rückseite des Autos ein. Alle mussten stehenbleiben, weil es sonst nicht genug Platz gab. Abdul betete, sein Ziel in Frieden zu erreichen. Und all diese Schmuggler für immer loszuwerden.

Die drei Autos bewegten sich zuerst. Dann folgte ihnen das Auto mit Abdul darin. Das Auto wurde von einem 17-jährigen Jungen gefahren. Auch Kinder in Libyen sind von diesem schrecklichen Schmuggel nicht verschont geblieben. Nachdem sie diese Stadt Sabha verlassen hatten, hielt das Auto, in dem Abdul war, an. Der junge Fahrer stieg von seinem Sitz. Dann öffnete er die Tür der Kabine, in der sich Abdul und die anderen sechs befanden.

"Ich weiss, dass Sie hier verärgert sind, also habe ich beschlossen, Sie ein wenig zu entlasten", sagte er zu ihnen.

Dann richtete er seine Worte an eines der drei Mädchen und sagte zu ihr: "Du, komm mit mir nach vorne, es gibt einen freien Platz."

Das arme Mädchen hatte Angst, aber ging mit ihm nach vorne. Als der jungen Fahrer an seinen Platz zurückkam, zog er einen Vorhang hoch, der zwischen ihm und Abdul und den anderen zwischen den zwei Kabinen war. Abdul fragte sich, warum der Junge den Vorhang hochgezogen hatte. Wird er etwas tun, das die anderen nicht sehen sollten oder was genau? Das Auto bewegte sich wieder weiter. Nach kurzer Zeit konnten alle hinter dem Vorhang hören, wie der Fahrer das Mädchen ansprach und sagte:

"Schau, hier gibt es viele Süssigkeiten. Nimm davon, was du willst. Ich bringe dir später auch Essen."

Nicht jeder hinter dem Vorhang konnte verstehen, was der Junge sagte, ausser Abdul und ein anderer Junge aus dem Jemen. Nicht jeder verstand das Arabisch, das der Fahrer sprach. Das arme Mädchen hat ein paar Süssigkeiten genommen.

"Ich möchte, dass du etwas für mich tust im Austausch für das, was ich dir gebe", sagte der junge Fahrer zu dem Mädchen.

"Was soll ich tun?", fragte das Mädchen mit zitternder Stimme.

"Keine Angst, nur eine kleine Sache", antwortete der Junge.

"Was?", fragte das Mädchen erneut.

"Ich möchte, dass du mich glücklich machst und meinen Sch*anz lutschst", sagte der junge Schmuggler und öffnete seine Hose.

Nun war Abdul schockiert von dem, was er hörte und durch den Vorhang sah. Alle waren schockiert. Vielleicht verstand nicht jeder, was er sagte, aber diese Szene durch den Vorhang reichte aus, um alle zu schockieren. Abdul und der junge Jemenit beschlossen einzugreifen. Sie öffneten den Vorhang.

"Was machst du? Bist du krank?", fragte Abdul den jungen Belästiger.

Der Fahrer wurde wütend und hielt sein Auto an, um mit seiner Waffe auszusteigen. Er zog Abdul und den Jemeniten aus dem Wagen. Alle im Auto waren am Schreien. Der Fahrer hielt seine Waffe Abdul ins Gesicht und sagte zu ihm: "Hast du mich krank genannt?"

Er richtete seine Waffe einmal auf Abdul und einmal auf den Jemeniten und sagte: "Weißt du, dass ich dich jetzt töten kann und deine Leiche auf diese Straße werfen kann? Ich bin Libyer und dies ist mein Land. Ich mache darin, was ich will.

Ihr seid alle nur Geld für uns. Wäre da nicht das Geld, das ihr gezahlt habt, wäre ich euch längst losgeworden", fügte er und feuerte ein paar Kugeln in die Luft.

Alle waren entsetzt über das Verhalten dieses Psychos. Nachdem er gedroht und sie eingeschüchtert hatte, forderte er Abdul und den Jemeniten auf, wieder ins Auto zu steigen. Er sagte, wenn jemand es wagte, sich in das einzumischen, was er tat, würde er ihn mit dieser Waffe erschiessen. Der verrückte Fahrer stieg in sein Auto und fuhr mit hoher Geschwindigkeit los, um die anderen Autos einzuholen, mit denen er über Walkie-Talkie kommunizierte.

Abdul hatte grosse Angst, weil dieser Psycho ihm die Waffe ins Gesicht gehalten hatte. Er dachte, vielleicht macht er es beim nächsten Mal und schiesst. Abdul beschloss sich nicht in das einzumischen, was der Psycho-Fahrer tat. Als dieser Psychopath seine Gruppe eingeholt hatte, näherte er sich erneut dem Mädchen, um sie zu zwingen, zu tun, was er wollte. Zuerst versuchte das Mädchen abzulehnen. Aber nachdem er sie mit seiner Waffe bedroht hatte, hatte das arme Ding keine andere Wahl, als zu weinen und zu tun, was der Psycho sagte. Alle hinter dem Vorhang waren von dieser Szene tief bewegt. Abdul wollte nicht sehen oder hören, was vor ihm geschah. Er bedeckte seinen Kopf mit der Jacke, die er trug. Die anderen beiden Mädchen in der Kabine weinten, betroffen von dem, was mit ihrer Freundin passierte. Was für eine schreckliche Szene für diese Jugendlichen. Eine Szene, die sie nie vergessen werden. Und das arme Mädchen, das in ihrem jungen Alter zu schrecklichen Dingen gezwungen wurde! Dieser Moment wird ein Albtraum in ihrem ganzen Leben bleiben.

Nach diesem schrecklichen Vorfall fuhr das Auto weiter, als wäre nichts passiert. Wer weiss, vielleicht hatte der Fahrer es schon einmal mit einem anderen unschuldigen Mädchen getan. Vielleicht war es nicht das erste Mal, dass er so etwas tat.

Am Abend erreichte der Konvoi ein kleines Dorf in der Nähe der Hauptstadt Tripolis. Alle Migranten stiegen aus den vier Autos aus. Die Schmuggler sagten ihnen, sie würden die Nacht hier in einer großen Halle in der Nähe verbringen. Und morgen würden alle mit Kleinwagen ins Herz der Hauptstadt gefahren. Die Schmuggler wollten einen Verdacht bei der Polizei vermeiden. Also wollten sie die Leute in kleine, verschlossene Autos stecken und in der Hauptstadt bringen.

Abdul und die anderen betraten die Halle, die dunkel und sehr kalt war. Abdul konnte in dieser Nacht wegen der Kälte in die Halle nicht schlafen. Und wegen der Szenen an jenem Tag, als der Fahrer ihm die Waffe ins Gesicht gehalten hatte. Eine Szene, die ihm lange nicht mehr aus dem Kopf gehen wird.

Kapital 7
Die Hauptstadt Tripolis

Nach einer langen Nacht warteten alle darauf, dass sie vorbei war. Dann kam der nächste Morgen und die Schmuggler brachten fünf Kleinwagen, um die Migranten in die Hauptstadt zu bringen. Sie teilten die Menschen wieder in vier Gruppen ein. In die kleinen Autos passten nur vier oder fünf Personen. Sie mussten in vier verschiedenen Runden Menschen in die Hauptstadt bringen. Deshalb teilten sie die Leute in vier Gruppen ein. In jeder Runde nahmen sie eine Gruppe in den fünf Autos. Eine Gruppe bestand wie vorher aus 20 bis 22 Personen. Die Schmuggler fuhren die erste Gruppe in den fünf Autos in Richtung die Hauptstadt Tripolis. Sie liessen zwischen jedem Auto Abstand von fünf bis zehn Minuten. Und sie forderten die Fahrer auf, verschiedene Routen zum Ziel zu nehmen. Das Ziel war ein Haus im Zentrum von Tripolis. Die Schmuggler wollten alle Migranten in dieses Haus bringen. Dort befassten sie sich dann mit ihnen in der Angelegenheit der Überquerung des Meeres.

Die fünf Autos brachten die erste Gruppe zum Ziel und kamen dann zurück, um eine zweite Gruppe zu übernehmen, zu der auch Abdul gehörte. Diese Gruppe war aus 21 Personen zusammengesetzt. Abdul stieg zusammen mit drei anderen Migranten in eines der fünf Autos. Die Autos fuhren in Richtung Hauptstadt. Abdul drehte sich um, um zu sehen, ob ein Auto hinter ihnen war. Aber er sah nichts. Jedes Auto würde eine andere Route nehmen, wenn es die Aussenbezirke der Hauptstadt erreichte. Zusätzlich dazu hielten sie zwischen den Autos einen grossen Abstand. Dies taten sie, um der Polizei in Tripolis auszuweichen. Oder was davon übrig ist, besser gesagt.

Abdul erreichte in diesem Auto die Aussenbezirke von Tripolis. Einschläge von Kugeln waren an den Gebäuden klar zu sehen. Und viele Gebäude waren vollständig eingestürzt. Es war klar, dass Tripolis seit dem Beginn der dortigen Revolution im Jahr 2011 erbitterte Kämpfe zwischen Parteien und Milizen erlebt hatte. Die Revolution, die gegen das Regime von Oberst Muammar Gaddafi ausbrach, der damals der Herrscher des Landes war. Dann wurde sie zu einem bewaffneten Konflikt und einem Bürgerkrieg, der jahrelang andauerte und noch nicht zu Ende war. Abdul hatte gehört, dass es in Libyen einen bewaffneten Konflikt gab, bevor er dorthin kam. Aber er hatte nicht erwartet, dass es diesen Punkt erreicht hatte, an dem er sah, wie ganze Städte zerstört waren und wie Milizen das Land kontrollierten. In Libyen gab es kein herrschendes Gesetz. Es war das Überleben des Stärksten, wie Charles Darwin sagte.

Das Auto, in dem Abdul war, fuhr durch die Strassen von Tripolis auf das Ziel zu. Plötzlich sahen sie ein Polizeiauto, das sie verfolgte. Alle hatten Angst, als sie die Polizei sahen. Abdul glaubte, wenn die Polizei sie festnehmen würde, würden sie alle in ihr Land zurückgeschickt werden. Er hatte Angst, nach Eritrea zurückzukehren. Das Land, aus dem er den ganzen Weg gekommen war, um ihm zu entkommen.

Der Fahrer sagte allen, sie sollten sich beruhigen und normal sein. Die Polizei hielt das Auto an. Der Polizist kam und sah sich alle an. Dann verlangte er von dem Fahrer die Dokumente. Der Polizist überprüfte die Dokumente und sagte dem Fahrer, dass er dem Polizeiauto zu der Wache folgen soll.

"Ist alles in Ordnung?", fragte der Fahrer den Polizisten.

"Folgen Sie mir zu der Wache und wir werden dort sehen, ob alles in Ordnung ist", so war die Reaktion des Polizisten.

Alle waren sehr angespannt. Der Fahrer folgte dem Polizeiauto wie befohlen zur Wache. Der Fahrer forderte Abdul und die anderen auf dem Weg zu der Wache auf, zu sagen, dass sie auf einer nahegelegenen Farm arbeiteten, wenn die Polizei sie fragen würde, was sie hier machten.

Als sie bei der Polizeiwache ankamen, befahl der Polizist der Gruppe, aus einem Auto auszusteigen.

"Woher kommt ihr und was macht ihr in Tripolis?", fing der Polizist an die Gruppe zu fragen.

Keiner der vier Einwanderer konnte Arabisch ausser Abdul.

"Wir sind Sudanesen und arbeiten auf einer Farm am Stadtrand von Tripolis", antwortete Abdul. "Und wir kamen, um einige Dinge wie Essen und Kleidung von hier zu kaufen."

"Wo sind Ihre Dokumente?", fragte der Polizist.

"Wir haben es auf der Farm gelassen, wir wussten nicht, dass wir sie hier brauchen würden", antwortete Abdul.

"Kommt ihr auch aus dem Sudan?", richtete der Polizist seine Frage an die anderen drei.

Abdul sprang ein und sagte:

"Sie sprechen kein Arabisch. Wie Sie wissen, haben wir im Sudan viele Stämme und wir haben viele verschiedene Sprachen. Aber ich versichere Ihnen, dass sie aus dem Sudan stammen", erwiderte Abdul und sagte: "Wenn Sie möchten, können wir zu dieser Farm zurückfahren, um die Dokumente zu sehen, Herr Polizist."

Der Polizist ging auf den Fahrer zu und sagte ihm, dass er ein Bussgeld zahlen müsse, weil sein Führerschein nicht mehr gültig sei. Das Bussgeld bezahlte der Fahrer. Danach sagte der Polizist, dass alle gehen dürfen. Abdul und die anderen kehrten zu dem Auto zurück. Ihre Gesichter waren voller Freude, weil sie nicht festgenommen wurden. Vielleicht interessierte sich der Polizist nicht wirklich für diese Leute. Vielleicht wollte er seine Zeit nicht mit ihnen verschwenden. Also liess er sie gehen ohne seriöse Befragung oder Untersuchung.

Das Auto verliess das Gelände der Polizeiwache. Der Fahrer war sehr beeindruckt von dem, was Abdul mit dem Polizisten gemacht hatte. Und die drei Migranten, die aus Äthiopien stammten, dankten auch Abdul für sein gutes Verhalten. Nachdem sich das Auto von der Polizeistation entfernt hatte, fing der Fahrer an die Äthiopier anzuschreien und sagte:

"Er hat euch Idioten gerettet! Warum sprecht ihr in Äthiopien kein Arabisch? Arabisch ist eine grosse Sprache. Eure äthiopische Sprache wird euch nicht helfen, wenn ihr euer Land verlasst."

Wusste der idiotische Fahrer nicht, dass Abdul ihn auch gerettet hatte? Der Fahrer war so glücklich, dass er an einem Geschäft anhielt. Dort kaufte er Essen für Abdul und die anderen. Und er fing an, Abdul anzusprechen und sagte:

"Nimm das Essen, es ist ein Geschenk von mir, weil du auf der Polizeiwache gute Arbeit geleistet hast."

Dann fragte er Abdul: "Warum gehst du nach Italien? Es gibt nichts, was die Italiener dir geben. Wusstest du, dass die Italiener in der Vergangenheit Kolonisatoren Libyens waren? Sie haben nichts für uns getan, ausser dass sie unser

Land zerstört und unseren Reichtum geplündert haben. Ich hasse sie."

"Ich will in die Schweiz gehen, nicht nach Italien", antwortete Abdul.

Der Fahrer meinte: "Sie sind alle gleich. Das sind alles europäische Bastarde. "Hier in Libyen kannst du mit uns zusammenarbeiten. Du arbeitest bei uns im Schmuggel. Glaub mir, du wirst in kürzester Zeit viel Geld verdienen. Du kannst hier leben, vielleicht später heiraten, eine Familie gründen und glücklich mit ihnen hier leben", fügte er an.

Er wusste nicht, dass Abdul alle Schmuggler erschossen hätte, wenn er gekonnt hätte. Wie sollte er mit ihnen arbeiten und leben? Abdul hasste diese Leute sehr. Und sein Hass nahm nach dem Vorfall mit dem unschuldigen Mädchen mit dem belästigenden Fahrer zu. Alle Schmuggler brutalisierten Menschen. Sie behandelten sie wie Tiere, nicht wie Menschen. Abdul sagte dem Fahrer, dass er nicht die Absicht habe, in Libyen zu arbeiten und dort leben. Er sagte ihm, er wolle nach Europa gehen und dort ein neues Leben beginnen. Der Fahrer war von Abduls Antwort enttäuscht. Er wollte ihn in ihr böses Schmugglernetzwerk locken. Der Fahrer sagte Abdul, er werde es bereuen, nach Europa zu gehen, und dort keine solche Gelegenheit finden. Abdul ignorierte seine Worte. Er dachte bei sich selbst, er würde lieber nach Eritrea zurückkehren, als mit diesen Schmugglern zu arbeiten. Wenigstens wird dort niemand so angegriffen, wie es die Schmuggler hier tun.

Das Auto hatte das Ziel erreicht: Das Haus, das im Zentrum der Hauptstadt Tripolis liegt. Das Haus war auf allen Seiten von einer Betonmauer umgeben. Die Mauer hatte einen Eingang, der das Auto von vorne hineinliess. Das Auto fuhr in den ummauerten Innenhof. Abdul sah im Haus eine Gruppe von Schmugglern und Maklern. Es gab viele Räume in diesem Haus. Räume wie die, die Abdul am ersten Tag bei seiner Einreise nach Libyen gesehen hatte. An dem Ort, der «Mazraa» genannt wurde. Nachdem der Fahrer Abdul und die anderen abgesetzt hatte, ging er los, um eine weitere Gruppe zu holen. Die Gruppe von Schmugglern und Maklern an diesem Ort nahm Abdul und die anderen mit und brachte sie in einen der Räume. Die Schmuggler nutzten diese Räume als Zellen innerhalb eines Gefängnisses. Jeder Raum war voller Menschen. Diesmal waren die Schmuggler an diesem Ort nicht nur Libyer. Es gab sogar Eritreer und Sudanesen, die mit ihnen arbeiteten. Wer weiss, vielleicht hatten die Schmuggler sie angelockt, wie der Fahrer versuchte, Abdul anzulocken. Diese eritreischen und sudanesischen Schmuggler waren in ihrem Umgang mit Migranten rücksichtsloser als die Libyer. Sie schlugen brutal auf sie ein. Abdul sah, wie sie die Menschen behandelten.

"Verdammt seien diese Menschen, die ihre Landsleute und andere härter behandeln als die Libyer. Sie glauben, dass sie die Libyer mit ihrer Brutalität beeindrucken würden. Sie sind alle Arschlöcher ", sagte Abdul immer wieder zu sich.

Vier Schmuggler betraten den Raum, in dem Abdul war. Einer kam zu Abdul.

"Sprichst du Arabisch?", fragt der Schmuggler.

"Ja", antwortet Abdul.

"Nimm dieses Telefon und ruf deine Leute an. Sag ihnen, sie sollen dein Überquerungsgeld zahlen", sagte der Schmuggler.

"Ok, wie viel ist erforderlich?", fragte Abdul.

"Zweitausend Dollar", erwiderte der Schmuggler.

"Und was ist der letzte Preis?", fragte Abdul erneut.

"Was denkst du, ich verkaufe dir Gemüse?", sagte der Schmuggler mit wütender Stimme. "Nimm jetzt das Telefon und sag deinen Leuten, sie sollen zweitausend Dollar bringen. Sonst sehen sie ihren Sohn nie wieder."

Abdul nahm das Telefon und rief seinen Onkel an, der in Katar war. Sein Onkel lebte schon lange Zeit in Katar. Abdul rief nicht seine Familie in Eritrea an, sondern seinen Onkel in Katar, weil das Kommunikationsnetz in Eritrea sehr schwach ist. Besonders bei Anrufen aus Libyen war es sehr schwierig. Abdul wollte mit seiner Familie über seinen Onkel in Katar kommunizieren. Er hatte seine Telefonnummer im Kopf. Die Konnektivität von Katar nach Eritrea war im Vergleich zu Libyen viel besser. Der Onkel war überrascht, als er die libysche Telefonnummer sah. Die Überraschung war grösser, als er die Stimme seines Neffen an diesem Telefon hörte. Abdul erklärte seinem Onkel die Situation. Und forderte ihn auf, seiner Familie mitzuteilen, dass ihr Sohn in Libyen inhaftiert sei und darauf warte, dass er das Meer überquere. Sie sollten so schnell wie möglich die Summe von zweitausend Dollar zahlen. Der Onkel war besorgt und wütend über das rücksichtslose Verhalten seines Neffen. Er fragte Abdul, warum er das getan habe und warum er es niemandem erzählt hatte, bevor er nach Libyen ging. Der Schmuggler riss Abdul das Telefon vom Ohr, während er sprach. Er forderte den Onkel auf, das Geld vollständig und schnell zu überweisen, wenn er nicht wollte, dass seinem Neffen etwas Schlimmes passiere. Dann schaltete er ihm das Telefon aus. Dieser Schritt war Teil der Erpressung und der Drohungen, die Schmuggler bei allen Migranten anwendeten. Danach sagte der Schmuggler zu Abdul: "Du solltest beten, dass deine Familie schnell reagiert, sonst werden wir deine Organe eines nach dem anderen verkaufen", und ging weg.

Abdul wünschte sich, dass sein Onkel seiner Familie die Botschaft überbringen werde. Und seine Familie musste das Geld schnell zahlen. Der Onkel hatte keine andere Wahl, als die Nachricht an Abduls Familie zu überbringen.

Der erste Tag verging. Abdul dachte den ganzen Tag darüber nach, was seine Familie tun würde. Er konnte in der Nacht nicht schlafen. Er hatte zu viel zu überdenken.

In dem Raum, in dem Abdul war, waren viele Leute. Einige von ihnen sagten, dass sie eine

Woche in diesen Zellen verbracht hatten. Und andere sagten, dass sie mehr als einen Monat hier waren, weil sie das Geld für ihre Überfahrt über das Meer noch nicht bezahlt hatten. Abdul hatte grosse Angst, dass er wie diese armen Leute enden und viele Wochen in dieser Hölle verbringen würde.

Am Mittag des nächsten Tages betrat ein Schmuggler den Raum und rief: "Abdul, wer ist Abdul?" Abdul kam zu dem Schmuggler. Er brachte ihn aus dem Raum. Der Schmuggler sagte zu Abdul, nachdem er ihn aus dem Raum gebracht hatte, dass eine Person namens Osman angerufen und nach ihm gefragt habe.

"Das ist mein Onkel, er wollte mit mir über meine Familie und den Betrag sprechen, den ihr verlangt", sagte Abdul.

"Nimm jetzt dieses Telefon und ruf ihn zurück", sagte der Schmuggler.

Abdul nahm das Telefon und rief seinen Onkel Osman an. Osman antwortete und sagte ihm, dass er mit seiner Familie gesprochen habe. Er sagte ihm, dass seine Familie, besonders seine Mutter, sich grosse Sorgen um ihn mache. Abdul fragte ihn, ob seine Familie das Geld senden würde, damit er das Meer überqueren könne, oder was.

"Hör zu, Abdul, deine Familie hat zugestimmt, den Betrag zu zahlen, weil du ihnen mit deinem rücksichtslosen Verhalten keine andere Wahl gelassen hast. Aber wie du weisst, ist Eritrea ein sehr verschlossenes Land. Es wird sehr lange dauern, bis das Geld aus Eritrea in die Hände dieser Schmuggler gelangt. Und du kannst diese Leute wütend machen, wenn du das Geld zu spät zahlst. Sie werden dir wehtun. Wir wollen nicht, dass dir etwas passiert", war die Antwort des Onkels.

"Bitte Onkel, sag mir, dass es eine andere Lösung gibt!", bat Abdul seinen Onkel.

"Ich habe deiner Familie gesagt, dass ich das Geld jetzt zahlen werde. Denn viel einfacher ist es, den Betrag aus Katar zu senden. Deine Eltern werden mir das Geld später geben. Das Wichtigste ist jetzt, wie wir dich aus dieser Situation rausholen", erklärte der Onkel seine Lösung. "Gib dem Schmuggler jetzt das Telefon, damit er mir sagt, wohin ich das Geld überweisen soll." Abdul gab dem Schmuggler das Telefon. Er freute sich sehr über die Nachricht von seinem Onkel. Abdul dachte, er würde diese Hölle endlich los sein.

Eritrea verfügte nicht über fortschrittliche Mittel, um Geld zu überweisen. Die einzige Möglichkeit war, den Betrag mit jemandem zu senden, den man kennt. Diese Methode dauerte aber zu lang. Ausserdem kannte die Familie von Abdul niemanden, der das Geld nach Libyen bringen könnte. Osman vereinbarte mit Abduls Familie, dass er das Geld überweisen würde. Und er schaute später mit ihnen die Rechnung an. Dies war die beste Lösung, die sie fanden. Abduls Onkel sprach mit dem Schmuggler. Der Schmuggler forderte ihn auf, das Geld auf ein Konto in Tripolis zu überweisen.

Der Schmuggler machte mit Osman ab, das Geld innerhalb der nächsten zwei Tage zu überweisen. Abdul kehrte in den Raum zurück. Sein Gesicht war voller Freude. Weil er diesen schrecklichen Ort bald verlassen würde.

In dem Raum gab es ein Badezimmer. Es wurde von Gefangenen benutzt, um sich zu erleichtern und gleichzeitig zu duschen. Ein übler Gestank kam von diesem Ort. Ein Geruch, dem niemand in diesem Raum entkommen konnte. Abdul vermied es, das Badezimmer zu betreten, ausser wenn es absolut notwendig war. Er hatte nie vor, dort zu duschen. Das war also ein weiterer Grund, warum Abdul diesen Ort verlassen wollte.

Der zweite Tag verging und Abdul zählte jede Sekunde davon. Am dritten Tag überwies

Osman den mit dem Schmuggler vereinbarten Betrag. An diesem Tag sprach Osman erneut mit Abdul. Er sagte ihm, dass seine Mutter weder essen noch schlafen konnte, weil sie sich grosse Sorgen um ihren Sohn machte. Abduls Mutter, die immer hörte, dass viele kein Glück hatten und das Meer nicht überquerten. Vielmehr sanken sie auf den Grund und wurden Nahrung für die Fische. Sie hatte solche Angst, ihren Sohn in diesem Meer zu verlieren. Abdul bedauerte diese Nachricht über seine Mutter sehr. Er sagte immer, dass er seine Mutter grundlos mitleiden liess. Aber er hoffte, dass sie all dieses Leid mit ihren Gebeten überwinden könne. Er wollte, dass sie bald sehr gute Neuigkeiten hörte, wenn er das Meer sicher überquert hatte.

Die Schmuggler hatten die 2000 Dollar erhalten. Sie sagten zu Abdul, dass er bald von hier verschwinden werde. Abdul wollte dieses Gefängnis unbedingt verlassen und das Meer nach Europa überqueren. Aber manchmal laufen die Dinge anderes als unser Wille. In Tripolis kam es nach einiger Zeit Ruhe zu einem erbitterten Kampf zwischen den Milizen. Die Schmuggler sagten, dass sie wegen dieser Kämpfe derzeit niemanden aus den Räumen wegbringen könnten. Sie hatten

Sorgen um ihre Sicherheit und ihre Geschäfte. Nicht um die Migranten.

Abdul war zunächst sehr aufgebracht über diese Nachricht, weil er länger in diesem stinkenden Raum bleiben musste und bei diesen Schmugglern, denen es nur ums Geld ging. Aber er erkannte, dass es nicht in seiner Sicherheit liegen würde, mitten im Krieg hinauszugehen. Es könnte für sein Leben gefährlicher sein als in diesem Gefängnis.

Die Leute hörten Tag und Nacht Schüsse und Kanonen an diesem Ort. Es war ein grosser Krieg in der Innenstadt. Es entbrannte zwischen Gruppen, die weder Abdul noch sonst jemand in diesem Gefängnis kannte. Niemand wusste, wie lange dieser Kampf dauern werde und wann es wieder ruhig sein würde. Abdul wollte aber seine Mutter bald glücklich machen. Er wünschte sich, dass alles bald vorbei wäre.

Eine Woche verging und der Kampf beruhigte sich immer noch nicht. Eine Woche verging, und Abdul zählte jeden Tag die Sekunden. Alle, die bezahlt hatten, um das Meer zu überqueren, waren dort sehr aufgebracht. Sie ärgerten sich über das Gefängnis, wo ihnen eine Mahlzeit pro Tag serviert wurde. Jeden Tag das gleiche Essen. Das Essen bestand aus Nudeln und Tomatensauce. Jeden Tag nahmen die Schmuggler drei oder vier Personen aus dem Gefängnis, um diese Nudel zu kochen. Eine Mahlzeit am Tag machte jeden, der dick hier ankam, dünn. Und jeder, der dünn wie Abdul war, ist dünner geworden. Abdul ass diese Nudeln seit mehr als einer Woche jeden Tag. Und nur einmal pro Tag. Aber das war nicht seine grösste Sorge. Seine grösste Sorge war vielmehr, dieses Meer nach Europa zu überqueren. Europa, das er für ein Paradies hielt, um seine Träume zu erfüllen.

Eine weitere Woche war vergangen und der Kampf um Tripolis war noch nicht vorbei. Einige der Leute im Raum mit Abdul waren verrückt und sie schrien. Sie wollten sogar mitten in dem Kampf aus dem Gefängnis herauskommen. Aber die Grausamkeit und die brutalen Schläge der Schmuggler liessen niemandem eine andere Wahl, als zu schweigen. Abdul sah keine andere Wahl, als zu beten und geduldig zu sein und auf Erleichterung zu warten. Allen ging es von Tag zu Tag schlechter. Wer psychisch nicht stark war, dessen Zustand verschlechterte sich. Manche Menschen wurden durch schweres psychisches Leiden krank. Einige von ihnen verzweifelten.

Nach 18 Tagen begann der Krieg allmählich nachzulassen. Abdul hörte die Geräusche der schweren Waffen nicht mehr. Aber er konnte zeitweise Schüsse hören. Endlich spürte er einen Hoffnungsschimmer, diesen Ort zu verlassen. Zwei Tage später hörte der Krieg komplett auf. Niemand hörte mehr Schüsse. Nun begannen alle Migranten zu fordern, so schnell wie möglich zu dem Meer zu gehen, bevor es einen neuen Krieg gab.

Kapital 8
Auf dem Boot voller Wasser

Die Schmuggler wollten diejenigen loswerden, die das Geld bezahlt hatten, weil die Räume mit Menschen überfüllt waren. Am nächsten Abend kamen drei kleine Autos, um Abdul und die anderen zum Meer zu bringen. Die Schmuggler setzten vier Personen in jedes Auto und fuhren zu einem kleinen Dorf in der Nähe des Meeres. Dieses Dorf lag in der Nähe einer Stadt namens Misrata. Die Autos brachten Abdul und die anderen in dieses Dorf zu einer neuen Unterkunft. Diesmal waren nicht viele Leute in diesem grossen Lagerhaus. Es waren nur vier Personen. Das Lager wurde von einer Person bewacht. Der Wachmann schloss das Lager immer von aussen ab. Der Wachmann kam zu Abdul und den anderen und sagte ihnen, dass die Polizei heutzutage das Meer sehr streng überwache. Also alle müssten warten, bis die Polizei weg war.

Abdul dachte, er habe Pech gehabt. Er sagte zu sich selbst: «Ich bin Tripolis nach mehr als drei

Wochen losgeworden, und jetzt muss ich an diesem Ort wieder warten, wenn ich so nah am Meer bin, was für ein Pechvogel bin ich doch.» Er dachte, dass sein Schicksal ihn bestrafe. Aber er zwang sich, Vertrauen zu haben. Er hatte jetzt nur noch einen Schritt, um die Küste Italiens zu erreichen. Ein Schritt, aber gross genug, um über sein Schicksal zu entscheiden. Die Überquerung des Mittelmeers. Ein Schritt, und er machte seine Mutter entweder glücklich oder traurig für immer. Jetzt konnte er nur in diesem Lager warten und optimistisch sein.

Am Abend des zweiten Tages kam ein neues Auto mit vier Mädchen. Die Mädchen hatten Zeichen des Entsetzens in ihren Gesichtern. Der Wachemann führte sie in den Lagerraum. Abdul näherte sich ihnen und fragte sie:

"Geht es euch gut?"

Eines der Mädchen antwortete:

"Hier gibt es nichts Gutes."

Wie Abdul stammten auch die Mädchen aus Eritrea. Ihre Alter waren zwischen 17 und 19 Jahre. Abdul fing an, ein wenig mit diesen Mädchen zu reden.

"Was ist euch passiert?", fragte sie Abdul.

"Wir kamen nach Libyen, um nach Italien einzureisen. Genau wie du. Aber wir hatten kein Glück und wurden auf unserem Weg nach Tripolis vom Islamischen Staat entführt. Dann brachten sie uns zu einem der Gebiete, die sie kontrollieren. Wir waren mehr als vier Monaten bei ihnen", antwortete eines von ihnen.

"Oh mein Gott, was haben euch dann diese ISIS getan?", fragte Abdul.

"Sie liessen uns kochen und die Wäsche für sie waschen. Und andere schlechte Dinge. Sie haben uns das Leben schwer gemacht. Wir litten unter ihnen", sagte das Mädchen.

"Es tut mir echt leid das zu hören. Aber wie seid ihr dann weg von ihnen gekommen?", fragte Abdul erneut.

"Schliesslich fanden wir die Möglichkeit zu fliehen, als die Regierung sie angriff und wir flohen von dort", sagte ein anderes Mädchen.

"Und wie seid ihr hier gelandet?", wollte Abdul wissen.

"Nachdem wir vor dem ISIS geflohen sind. Wir kamen in eine Stadt namens Misrata. Wir suchten dort nach Maklern, die uns bei der Einreise nach Europa helfen könnten. Dort fanden wir einen Eritreer. Wir sagten ihm, wir wollten übers Meer nach Europa. Und unsere Familien werden für uns bezahlen. Dieser Eritreer kontaktierte seine Schmuggler und dann nahmen sie uns mit dem Auto, um uns hierher zu bringen", erzählte eines von den Mädchen.

"Was für eine Geschichte! Habt ihr die Meerkosten noch nicht bezahlt, oder?", fragte sie Abdul.

"Nein, noch nicht. Aber wir haben mit unseren Verwandten in Europa gesprochen, sie werden für uns bald bezahlen", antwortete die eine.

Die armen Mädchen hatten in Libyen viel unter dem Islamischen Staat gelitten. Der IS war damals in Libyen weit verbreitet und kontrollierte dort viele Gebiete.

Abdul war mit seinen Fragen an die Mädchen nicht fertig. Während sich Abdul mit den Mädchen unterhielt, trat plötzlich der Wachemann des Lagerhauses ein und sagte:

"An alle, die das Meer überqueren wollen. Macht euch bereit. Ihr werdet jetzt losgehen."

Abdul wollte sein Gespräch mit den Mädchen fortsetzen, aber er musste jetzt gehen. Auf diesen Moment hatte er lange gewartet. Er musste gehen, bevor die Polizei wieder auftauchte. Abdul wünschte den Mädchen alles Gute und viel Glück auf ihrer Reise.

"Vielleicht treffen wir uns in Italien", sagte er zu ihnen und alle lächelten.

Alle gingen zum Meer und liessen die vier Mädchen in dem Lagerhaus zurück. Es war gegen 01:00 Uhr nachts, als ein Auto Abdul und anderen mitnahm, um sie ans Meer zu bringen. Abdul kam ans Meer und fand viele Menschen vor einem Boot stehen. Abdul wurde befohlen, sich mit den Leuten in die Schlange vor dem Schlauchboot zu stehen. Es waren viele bewaffnete Schmuggler vor Ort. Sie befahlen allen Migranten auf dieses Boot zu steigen. Einige Migranten weigerten sich, auf das Schlauchboot zu steigen. Denn sie befürchteten, das Boot werde sinken und alle würden ertrinken. Aber die Schmuggler zwangen alle in das Boot zu steigen und drohten jedem, der sich weigerte, mit ihren Waffen zu töten. Abdul hatte keine andere Wahl, als in dieses Schlauchboot zu steigen und sich auf Gott zu verlassen.

Das Boot war mittelgross und hatte etwa 40 Personen an Bord. Einer der Schmuggler gab dem Bootsfahrer, der ebenfalls Migrant war, einen Kompass. und sagte ihm, er soll mit dem Kompass die nordwestliche Richtung nehmen. Das Boot legte mitten in der Dunkelheit ab. Alle an Bord beteten, dass sie die Küste Italiens sicher erreichen werden. Das Boot entfernte sich vom Land, bis man kein Land mehr sah. Nach stundenlangem Segeln in völliger Dunkelheit begann die Sonne aufzugehen. Abdul drehte sich

Der kleine Stein versinkt im tiefen Meer,
Schreiende Geräusche machen uns ein trauriges Gefühl,
Tiefe Wellen und intensiver Lärm um uns herum,
Und wir versuchen durch Schmuggel das Meer zu überqueren,
Wir versuchen mit geheimen Schritten das Meer zu überqueren,
Und unsere Träume sind voller Gefahren im Schmuggel,
Wir versuchen, aus dieser Tiefsee herauszukommen,
Wir versuchen, uns in die Freiheit zu flüchten,
Aber der Weg ist weder einfach noch leicht,
Aber wir versuchen durch Schmuggel das Meer zu überqueren.

~ Chat GPT

nach links und rechts und sah nur das blaue Meer. Das Boot war so voll mit Menschen, dass einige von ihnen übereinandersassen.

Das Boot trieb stundenlang auf dem Meer in Richtung Nordwesten. Abdul sah noch kein Land. Nach einer Weile begann Wasser in das Boot von unten einzusickern. Alle waren erschrocken, Wasser direkt unter ihren Füssen zu sehen. Immer mehr Wasser sickerte in das Boot. Alle dachten, das Ende sei nahe. Einige von ihnen schrien und weinten vor Verzweiflung und urinierten sogar in ihre Kleidung. Und einige von ihnen rezitierten ihre Gebete und glaubten, dass das Ende noch nicht gekommen sei.

In dem Boot waren Männer, Frauen und Kinder. Kinder, die nichts Gutes auf dieser Welt gesehen haben. Ausser mit ihren Eltern zu leiden. Während viele verzweifelten, tauchte in der Ferne ein grosses Schiff auf. Alle riefen, die das Schiff sahen: "Schaut, da ist ein Schiff, es wird uns retten!"

Während sich dieses gigantische Schiff näherte, wurde das Boot mit Wasser überflutet. Das Schiff näherte sich und alle riefen um Hilfe. "Hilfe!!", schrien alle auf dem Boot.

Das Schiff näherte sich dem Boot und warf eine Leiter auf die Migranten, die nun voll im Wasser waren. Die Migranten fingen an, nacheinander die Leiter zum Schiff hinaufzusteigen, bis alle aus dem sinkenden Boot gerettet waren. Zum Glück ertrank kein Kind oder keine Frau oder Mann in diesem Meer.

Das Schiff war ein Handelsschiff voller Container. Zu ihrem Glück kam es dort gerade noch rechtzeitig vorbei. Wenn das Schiff nicht das perfekte Timing gehabt hätte, wären alle im Meer ertrunken. Abdul bedankte sich zusammen mit den anderen bei der Besatzung des Schiffes dafür, dass sie ihnen geholfen hatten, dem unvermeidlichen Untergang zu entkommen. Abdul war sehr glücklich, nicht in diesem Schlauchboot zu sterben und Nahrung für die Fische zu werden. Er sah das Boot mit eigenen Augen, als es kurz, nachdem sie aus dem Boot gerettet worden waren, versank. Abdul dachte an seine Mutter, die sich grosse Sorgen um ihn machte. Er wünschte sich, dass sie bald eine sehr gute Neuigkeit von ihrem Sohn hörte.

Abdul wartete nun auf das Hilfsschiff, das die Besatzung des Handelsschiffs kontaktierte. Das Hilfsschiff gehörte einer Nicht-staatlichen

Organisation. Nach etwa einer Stunde kam das Schiff. Abdul und alle anderen wurden auf dieses Hilfsschiff gebracht. Dann wurden sie dort komplett durchsucht. Danach bekamen sie Snacks, da alle am Verhungern waren.

Das Schiff machte sich auf den Weg zur italienischen Insel Lampedusa. Abdul wollte auf dem Schiff schlafen, aber er konnte nicht, weil es zu kalt war. Aber er war so glücklich, weil er glaubte, dass seine Träume bald wahr werden könnten. Das Schiff fuhr, bis die Nacht kam. Und fuhr die ganze Nacht hindurch. Nachdem Abdul diese ganze Strecke zurückgelegt hatte, fragt er sich, wie sie die ganze Strecke mit dem Schlauchboot hätten zurücklegen sollen. Er wusste, dass alle auf dem Boot für immer verschwunden wären, wenn das Handelsschiff sie nicht gerettet hätte.

Kapital 9
Willkommen in Italien

Das Hilfsschiff traf am frühen Morgen auf der italienischen Insel Lampedusa ein. Dort wurden alle Migranten abgesetzt, damit sie erneut von der Polizei durchsucht wurden. Nach der Durchsuchung wurden sie mit dem Bus zu einem grossen Flüchtlingslager auf der Insel gebracht. Die Beamten nahmen Abdul den Fingerabdruck. Danach gab ihm ein Mitarbeiter ein paar Kleider und nahm Abdul mit, um ihm seinen Raum zu zeigen. Die Räume waren gross und es gab mehr als zwölf Betten in einem Raum. Abdul, der die letzten zwei Tage nicht geschlafen hatte, lag in seinem Bett und schlief, als hätte er seit mehr als einem Monat nicht mehr geschlafen. Am Abend wachte er auf, um zum Abendessen zu gehen, wie alle anderen auch. Er wartete, bis er an der Reihe war und ihm das Abendessen serviert wurde. Abdul ass sein Abendessen und ging wieder ins Bett, um zu schlafen.

Abdul hatte während seines Aufenthalts in Libyen kein Bett gesehen. Vielmehr schlief er einmal im Sand der Wüste und einmal breitete er seine Kleider zum Schlafen aus. Er war erleichtert, hier ein Bett zu finden. Er versuchte den Schlaf nachzuholen. Oder zumindest einen Teil davon.

Am nächsten Morgen kam ein Mitarbeiter zu Abdul und bat ihn, ihn ins Büro zu begleiten. Abdul ging mit diesem Mitarbeiter ins Büro. In dem Büro sassen eine Frau und ein weiterer Mitarbeiter. Die Frau fragte Abdul nach dem Grund seiner Reise nach Italien und nach seinen persönlichen Daten. Abdul erzählte ihnen, dass er auf der Suche nach Sicherheit und einer Zukunft nach Europa gekommen sei. Und um der Verfolgung in seiner Heimat zu entgehen.

"Wie alt bist du? ", fragte die Dame Abdul.

"19 Jahre", antwortete Abdul, der gute Englischkenntnisse hatte.

Abdul glaubte, dass wenn er sein Alter über 18 angeben würde, er frei wäre, überall hinzugehen, wo er wollte. Und dass Minderjährige unter 18 Jahren immer überwacht oder in einem Haus oder Lager eingesperrt würden. Er dachte, Minderjährige könnten sich nicht bewegen, wie sie wollten. Darum log Abdul und sagte der Frau, dass er 19 Jahre alt sei. Jeder in dem Büro war überrascht und sagten zu Abdul, er könne nicht 19 sein. Abdul bestand zunächst darauf, dass er 19 Jahre alt sei. Aber als niemand ihm glaubte und sie ihn zwangen, sein wahres Alter zu sagen, gestand er und sagte ihnen die Wahrheit, dass er 15 Jahre alt war.

Abdul beendete sein Interview mit der Frau, nachdem er ihr alles erzählt hatte, was sie wissen wollte. Als er das Büro verliess, gab ihm einer der Mitarbeiter eine Telefonkarte und sagte ihm, dass er mit dieser Karte seine Familie anrufen und ihr versichern könne, dass es ihm gut gehe. Die Telefonkarte war mit fünf Euro Kredit aufgeladen. Abdel konnte es nicht glauben. Er war so aufgeregt, dass er endlich seine Mutter anrufen konnte. Abdul nahm der Karte und rannte zum Telefon.

Er versuchte, seine Mutter in Eritrea anzurufen. Aber es funktionierte nicht. Er versuchte es mehrere Mal, aber alle Versuche scheiterten. Das eritreische Netzwerk war sehr schlecht. Schliesslich entschied er sich, seinen Onkel in Katar anzurufen. Der Onkel war sehr glücklich, als er Abduls Stimme wieder hörte. Abdul erzählte ihm, dass er sicher in Italien angekommen sei. Er sagte ihm, dass er mit seiner Mutter in Eritrea nicht sprechen könnte. Also bat er seinen Onkel, seiner Mutter zu versichern, dass ihr Sohn das Meer ohne Probleme überquert habe.

Abdul wollte nicht, dass seine Familie von den Gefahren erfuhr, denen er ausgesetzt war. Er sagte seiner Familie jedes Mal, wenn sie ihn fragten, dass alles in Ordnung war.

"Weisst du, wie besorgt deine Mutter um dich ist? Es ist unbeschreiblich", sagte der Onkel zu Abdul. Abdul bat seinen Onkel, seine Mutter anzurufen und sie so schnell wie möglich zu beruhigen.

"Sag ihr, dass ihr Sohn sie anrufen wird, wenn er bald die Gelegenheit findet. Ich will ihre Stimme hören und sie auch sicher meine Stimme", schickte Abdul seine Nachricht an seine Mutter über den Onkel.

Abdul wusste, dass der Onkel seine Schwester beruhigen würde. Aber er wollte selbst mit seiner Mutter sprechen, wenn er die Möglichkeit dazu bekam.

Nachdem er seine Familie beruhigt hatte, wollte Abdul nun aus dem Lager raus und auf der Insel spazieren gehen. Aber er konnte dieses Lager nicht verlassen. Das Lager war von allen Seiten mit Zäunen und Drähten umgegeben. Neben den Polizisten, die überall im Einsatz waren, gab es viele Überwachungskameras. Abdul versuchte einen Ausweg zu finden, aber es gelang ihm nicht. Er sagte zu sich okay und ging im Lager herum. Im Lager lernte er einige Leute kennen. Mit denen pflegte er Gespräche zu führen, um sich ein wenig zu erleichtern. Am Abend bekam Abdul eine neue Information. Er werde morgen mit anderen nach Sizilien fahren. Da freute sich Abdul, dass er aus diesem Lager und von dieser isolierten Insel wegkommen würde. Die Insel Lampedusa war weit entfernt vom Rest Italiens.

Abdul wurde auf dem Seeweg nach Sizilien fahren. Aber er fühlte sich sicher, denn diesmal fuhr er nicht mit einem Schlauchboot, sondern mit einem sicheren Schiff.

Am dritten Tag wurden Abdul und andere mit dem Auto zum Hafen der Insel gebracht. Dort bestiegen sie mit der Polizei ein grosses Schiff. Dann steuerte das Schiff Sizilien an.

Abdul genoss die Zeit mit der Aussicht auf das Meer und die Inseln. Er fühlte sich in Sicherheit. Die Sicherheit, nach der er so lange gesucht hatte, begann er nun ein wenig zu schmecken. Abdul erinnerte sich an die Menschen, die er in Libyen zurückgelassen hatte. Wie die vier Mädchen, die unter ISIS gelitten hatten. Und das arme Mädchen, das auf dem Weg nach Tripolis von dem Autofahrer belästigt wurde. Er wünschte sich, dass sie alle die Hölle in Libyen verlassen konnten. Und eine Zukunft hatten, in der sie ein neues Leben beginnen könnten. Ein Leben, in dem sie sich an alles erinnern, was sie durchgemacht haben, um ihr Ziel zu erreichen.

Abdul kam am Abend mit dem Schiff in Sizilien an. Dann wurden sie mit Bussen, die dort auf sie warteten, in ein anderes Flüchtlingscamp gebracht. Das Camp befand sich in einem kleinen Dorf auf Sizilien. Als Abdul in dieses Camp kam, wurde ihm da ein Abendessen serviert. Dann sagte ihm ein Mitarbeiter, dass sein Bett Nr. 18 in Halle sieben sei. Abdul kam in die Halle und sah dort viele übereinander gestapelte Betten. Er kletterte auf Bett Nummer 18, das über einem anderen Bett stand. Nun begann er, während auf diesem Bett lag, darüber nachzudenken, wie er aus dem Camp herauskommen und seine Reise in die Schweiz antreten könnte. Die Schweiz, das war Abduls letztes Ziel. Schliesslich entschied er sich, dass er morgen das Dorf inspizieren und nach einem Weg aus dem Camp suchen musste.

Am nächsten Tag stellte Abdul fest, dass dieses Camp nicht geschlossen war und überhaupt keine

Mauer hatte. Jeder war frei, hinauszugehen und durch das Dorf zu gehen. Abdul fand, sein grösstes Problem sie gelöst. Ihm blieb nun nichts anderes übrig, als nach einem Transportmittel in Richtung des italienischen Nordens zu suchen. Abdul war gut in Geografie und wusste, wo er zuerst hingehen musste, um in die Schweiz zu kommen. Er beschloss, zuerst nach Rom und dann nach Mailand zu gehen. Er wusste, dass die Schweiz in der Nähe von Mailand war.

Abdul ging ins Zentrum des Dorfes, um nach einer Möglichkeit zu suchen, Rom zu erreichen. Nach langem Suchen sagte ihm einer der Italiener, dass er von hier erst in ein anderes Dorf gehen müsse und von dort einen Bus nach Rom finden könne. Und er sagte ihm, dass es nur einen Bus gab, der jeden Tag früh morgens von hier in das andere Dorf fuhr. Jetzt, da er die   Buszeiten kannte, entschloss er sich, morgen früh seine weitere Reise in die Schweiz zu beginnen.

Abdul hatte 100 Dollar in bar. Er hatte es aus dem Sudan mitgebracht und versteckte es in seiner Kleidung. Er wusste, dass er in einer Situation das Geld brauchen würde. Aber jetzt musste er die Dollar in Euro umtauschen. Er fragte die Leute im Camp, ob sie jemanden kennen, der Dollar in Euro wechseln konnte. Endlich fand er jemanden, der tauschen konnte. Aber diese Person sagte Abdul, dass er ihm für die hundert Dollar nur achtzig Euro geben könne, was Abdul zunächst ablehnte. Aber er wollte morgens den Bus nicht verpassen. Schliesslich nahm er die achtzig Euro und gab die hundert Dollar aus.

Abdul erwachte am nächsten Morgen aus seinem Schlaf, bevor die Sonne schien. Er verliess das Camp und ging zur Bushaltestelle. Als der Bus kam, fragte Abdul den Fahrer, ob er ihn ohne Bezahlung mitnehmen könnte. Aber der Fahrer weigerte sich und sagte Abdul, er solle bezahlen, sonst könne er ihn nicht in diesem Bus mitnehmen. Abdul wollte die 80 Euro sparen, um sie in die Schweiz zu bringen. Aber es funktionierte nicht. Er kaufte sein Ticket und fuhr mit dem Bus in das andere Dorf, das nicht weit entfernt war. Bei seiner Ankunft in dem neuen Dorf machte er sich auf die Suche nach dem Bus, der in die Hauptstadt Rom fuhr. Er fand den Ticketshop und kaufte sein Ticket nach Rom. Die Verkäuferin des Ticketshops sagte ihm, dass der Bus um 17 Uhr von hier abfahren werde.

Abdul verbrachte fast den ganzen Tag vor der Bushaltestelle. Er ging in dem Dorf spazieren, genoss die wunderschönen Ansichten und sprach mit den freundlichen Menschen. Cafés säumten die Strassen dieses Dorfes. Aber Abdul wollte das restliche Geld, das er hatte, nur dann ausgeben, wenn es nötig war. Er wollte gerne einen italienischen Kaffee geniessen, aber er hatte ein grösseres Ziel als nur einen Kaffee.

Die Zeit für den Bus kam, Abdul stieg in den Bus ein, und der Bus fuhr ab. Nach einer ganzen Nacht kam Abdul am Morgen in Rom an. Nun wollte er mit dem Zug von Rom nach Mailand fahren. Aber er fand, dass das Zugticket sehr teuer war. Abdul hatte nicht genug Geld für dieses Ticket. Also ging er zurück zur Busstation, um einen anderen Bus nach Mailand zu nehmen. Er kaufte ein Ticket mit seinem letzten Restgeld. Er nahm morgens den Bus, um abends Mailand zu erreichen.

Abdul wusste nicht, was er jetzt in Mailand tun werde. Ihm ging das Geld aus. Er hat keinen Cent mehr. Er entschied sich, zum Bahnhof in Mailand zu gehen, in der Hoffnung, eine Möglichkeit zu finden, mit dem Zug in die Schweiz zu fahren. Er kam zum Bahnhof, aber alle seine Versuche, in einen Zug einzusteigen, klappten nicht. An den Eingängen kontrollierte Personal die Fahrkarten von jedem Passagier, wenn sie die Bahnsteige betreten wollten. Und Abdul hatte kein Ticket. Darum durfte er die Bahnsteige nicht betreten.

Abdul lief mehr als eine Stunde um den Bahnhof herum und hoffte, eine Lösung zu finden. Er sass auf einer Bahnhofbank, als zwei Leute auf ihn zukamen. Ein Mann und eine Frau. Sie trugen beiden rote T-Shirts mit der Aufschrift «City Angels». Die beiden fragten Abdul, was er hier mache und ob sie ihm helfen könnten. Abdul zögerte nicht, ihnen die Wahrheit zu sagen. Er sagte ihnen, er wolle mit dem Zug in die Schweiz fahren, aber er habe kein Geld fürs Ticket. Die Frau sagte ihm, dass sie für eine Organisation arbeite, die Menschen hilft, und sie könnten ihm nur ein Bett zum Schlafen und etwas Essen anbieten. Abdul sagte, das sei im Moment alles, was er brauche, bis er eine andere Lösung gefunden habe.

Abdul begleitete die beiden zu der Unterkunft. Er ging mit ihnen und sie machten ihm mitten in einer grossen Halle voller Menschen ein Bett. Bevor sie gingen, sagten sie ihm, dass zwei Wochen die maximal zulässige Aufenthaltsdauer an diesem Ort sei. Und das Essen werde nur zu bestimmten Zeiten serviert. Also musste Abdul bei den Mahlzeiten anwesend sein, sonst gab es kein

Essen. Er war diesen beiden Leuten sehr dankbar. Er dachte, dass er in diesen zwei Wochen eine Lösung finden werde, um in die Schweiz zu kommen.

Die Tage gingen dahin, und Abdul fand noch keine Lösung. Eine Woche verging und Abdul blieb nur noch eine Woche. Eines Tages kam ein neuer Junge auch aus Eritrea in dieselbe Unterkunft. Dieser Junge wollte zu seinem Bruder nach Deutschland. Aber auch ihm, wie Abdul, war das Geld ausgegangen. Den Betrag für ein Ticket nach Deutschland hatte er nicht. Abdul erkannte ihn und sie fingen an, Gedanken auszutauschen und miteinander in der Stadt spazieren zu gehen. Der Junge, der Biniam hiess, erzählte Abdul, dass sein Bruder, der in Deutschland lebte, ihm Geld schicken werde, um zu ihm zu reisen.

"Wenn mein Bruder mir genug Geld schickt, zahle ich dir dein Ticket in die Schweiz", sagte Biniam zu Abdul.

Abdul verspürte Hoffnung dank Biniam und wartete darauf, dass der Bruder das Geld schickte. Vier Tage vergingen und am fünften Tag erhielt Biniam das Geld von seinem Bruder. Er kam zu Abdul, gab ihm 20 Euro und wünschte ihm alles Gute auf seiner Reise. Abdul wusste nicht, wie er diesem Freund danken sollte. Er wünschte ihm auch alles Gute und hoffte, dass er seinen Bruder ohne Probleme erreichen konnte.

Am nächsten Morgen ging Abdul zum Bahnhof und kaufte sein Ticket. Er stieg endlich in den Zug, der ins Land fuhr, wo er die Möglichkeit sah, seine Träume zu verwirklichen. In Richtung der Schweiz.

Kapital 10
Hat Abdul seine Zukunft gefunden?

Abdul kam mit dem Zug in einer Schweizer Stadt namens Bellinzona an. Dort suchte er die Polizei, um in diesem Land Asyl zu beantragen. Als er sie fand, brachte ihn die Polizei zu ihrem Hauptquartier, wo sie ihn durchsuchten. Dann brachte ihn die Polizei in ein Flüchtlingslager an einen anderen Ort namens Chiasso. Hier wurde mit ihm ein Interview durchgeführt, in dem er nach dem Grund für seine Einreise in die Schweiz und seine persönlichen Daten befragt wurde.

Nachdem Abdul zwei Tage in dem Lager verbracht hatte, das von Drähten umgeben und voller Überwachungskameras und Sicherheitsleute war, wurde er an einen anderen Ort in einem kleinen Dorf gebracht, denn er war minderjährig. Dieser neue Ort war ein unterirdischer Bunker. Darüber war ein Fussballfeld. Die meisten Einwanderer in dieser Unterkunft waren

Minderjährige. Es waren aber auch Kinder mit ihren Eltern dabei.

Nach etwa einer Woche in dem Bunker gaben die Betreuer Abdul ein Zugticket und eine Landkarte mit einer Adresse und sagten ihm, er soll nach Bern gehen. Abdul nahm das Ticket und die Karte und fuhr mit dem Zug nach Bern. Er kam in Bern an und ging zu der Adresse auf der Karte. Von dort brachte ihn jemand mit dem Auto in eine neue Unterkunft in einem anderen Dorf. Das Dorf war etwa eine Stunde von Bern entfernt.

Die neue Unterkunft war neben einem Sportzentrum. An diesem Ort ging Abdul nach langer Zeit wieder zur Schule. Diese Schule sollte die deutsche Sprache unterrichten. Abdul fühlte sich sehr gut, als er zur Schule ging. Er lernte sehr gern. Zuletzt war er vor mehr als zwei Jahren in Eritrea zur Schule gegangen. Neben der Schule trieb er Sport im nahen gelegenen Zentrum. Abdul hatte das Gefühl, dass sich sein Leben allmählich veränderte.

Abdul teilte sein Zimmer in der Unterkunft mit drei anderen Jugendlichen. Nun versucht er alles, um die Sprache zu lernen. Er war der Meinung, dass sich viele Türen für ihm öffnen würden, wenn er die Sprache lernte. Alles würde ihm leichtfallen. Sein Fokus auf Sprache war also sehr gross.

Nach viereinhalb Monaten in dieser Unterkunft wurde er in eine Wohngemeinschaft verlegt, in ein Vierzimmerhaus mit sechs Jugendlichen. Abdul schloss sich ihnen an. Sie alle gingen trotz ihrer unterschiedlichen Kulturen und Nationalitäten sehr verständnisvoll miteinander um.

Abdul hatte noch kein Jahr in der Schweiz absolviert und begann das Gymnasium zu besuchen. Aber er verließ es nach einem halben Jahr, weil die Sprache eine große Herausforderung für ihn war. Er entschied sich, in das zehnte Schuljahr zu gehen und dann einen passenden Beruf zu erlernen.

Abdul hatte einen großen Schritt nach vorne gemacht, als er in das zehnte Schuljahr ging. Ein Schritt, der den Lauf vieler Ereignisse in seinem Leben verändern würde. Er zog bei einer Schweizer Familie ein. Abdul hatte den Mann dieser Familie im Gymnasium kennengelernt. Er war Lehrer dort. Abdul zog bei diesem Mann, John* (*Name geändert), und seiner Partnerin Lisa* (*Name geändert) ein. Er bekam sein erstes eigenes Zimmer bei dieser Familie. Abdul stand in der Schweiz vor vielen Herausforderungen. Die größte dieser Herausforderungen war die Sprache. Aber er sah die Chance, dass er mit dieser Familie die Sprache viel schneller lernen und beherrschen konnte. Tatsächlich lernte Abdul die Sprache mit dieser Familie schnell. John war Deutschlehrer. Also konnte er Abdul sehr unterstützen. Abdul hat bei dieser Familie nicht nur die Sprache gelernt, sondern er konnte die Gesetze und Normen des Landes und die Kultur kennenlernen. Abdul hat auch die anderen Familienmitglieder und Angehörigen kennengelernt. Mit ihnen unternahm er viele Aktivitäten wie Radfahren und die Teilnahme an vielen kulturellen Programmen. All diese Aktivitäten halfen ihm, sich besser zu integrieren. Die Aktivitäten halfen ihm auch sich von den Albträumen, die er hatte, zu erholen. Ja, Abdul hatte ständig Albträume von Libyen, als er in die Schweiz kam. Aber jetzt mit der Familie verbesserte sich Abduls Leben allmählich. Er versuchte ein neues Kapitel in seinem Leben zu beginnen. Eine neue Seite, auf der er all die Tragödien, die er durchgemacht hatte, vergass.

Tatsächlich konnte Abdul eine neue Seite beginnen, als er anfing, einen neuen Beruf zu erlernen. Seine Berufsausbildung konnte er nach drei Jahren abschließen. Und natürlich waren John und seine Partnerin Lisa immer da, um ihm bei allem zu unterstützen, was er brauchte.

Abdul lebte vier Jahre mit John und Lisa zusammen. Vier Jahre waren genug für Abdul, um die Sprache zu beherrschen und sich in diesem Land sehr gut zu integrieren. Nachdem er seine Ausbildung abgeschlossen hatte, fing er an zu arbeiten und sich in allem auf sich selbst zu verlassen. Abdul verliess die gastfreundliche Familie. Und er fing an, in seiner eigenen Wohnung zu leben.

Abdul vergass nicht, was er durchgemacht hatte. Also versuchte er vielen, die wie er in die Schweiz kamen, zu helfen. Ihre Herausforderungen so zu meistern, wie er es gemacht hatte.

Das Leben in der Schweiz war für Abdul am Anfang nicht einfach. Alles war für ihn neu. Neue Kultur, neue Gesetze und neue Sprache. All dies waren grosse Herausforderungen, vor denen er stand. Aber aufgrund seiner großen Entschlossenheit und der Unterstützung aller um ihn herum konnte er all diese Herausforderungen meistern. Und er begann, seine Träume Stück für Stück zu verwirklichen. Und damit war die Schweiz, wie Abdul es sich erhofft hatte, ein Ort, an dem er seine Träume verwirklichen und seine Ziele mit Stolz erreichen konnte.

Danke!

Ich danke der Schweiz für all die Möglichkeiten, die sie mir gegeben hat. Ich weiss, dass ich meine Ziele in erster Linie mit meiner Bemühung und Arbeit erreicht habe. Aber danke, Schweiz, dass du das richtige Umfeld warst, um diese Ziele zu erreichen. Danke, Schweiz, dass du eine Arena warst, in der ich meine Träume verwirklichen konnte. Danke, dass du mir Freiheit und Sicherheit gegeben hast, die ich in meinem eigenen Land nicht finden konnte. Auch bei meiner zweiten Familie möchte ich mich bedanken. Bei John und Lisa. Und bei allen Mitgliedern der Familie. Danke für ihre uneingeschränkte Unterstützung für mich. Mit Ihrer Unterstützung konnte ich viele Herausforderungen und Schwierigkeiten meistern. Danke an alle, die mich in diesem Leben unterstützt und mir geholfen haben. Und danke, liebe Leserin und lieber Leser, dass du dich für meine Geschichte interessiert hast.